Die Welt ist auf Pause gedrückt

„Ich träume, dass ich eine Treppe hinunterfalle. Es gibt einen lauten Knall – dann nur noch Stille.
Ich warte darauf aufzuwachen. Doch dies ist kein Traum.
Ich bin wach, aber die Realität, die reale Vorstellung von dem, wie es sein müsste, ist weg.

Die Welt ist auf Pause gedrückt, kein Ton, nur ein Standbild. Menschenleere Straßen, in gespenstische Stille getaucht. Mein rational geprägtes Gehirn kann das Gesehene nicht verarbeiten: Autos, die aus meterhohen Stapeln aus Bäumen, Weinfässern und Müll herausragen. „Wo kommt das alles her, welche Kraft hat hier gewirkt, was ist hier passiert?", frage ich mich immer wieder. Meine Orientierung sagt mir, die Ahr muss zu meiner Linken liegen, aber zu sehen ist sie nicht. Wie weit müssen die Naturgewalten gewirkt haben? Meine Vorstellungskraft ist überlastet, mein Kopf fühlt sich dumpf an, wie ein Film, stumm geschaltet, weil die Bilder allein schon übermächtig sind. Ich funktioniere nur noch. „Walporzheimer Alte Lay 2018" steht auf den Schlamm verschmierten Etiketten der Weinflaschen, die neben zwei Weingläsern am Kreuz Ecke Walporzheimer Straße/Pfaffenbergstraße stehen. „Was war denn hier los? Überbleibsel eines Gelages?", denke ich und schaue mich um. Kurios, an welche Details sich das menschliche Gehirn erinnert, wenn die Welt plötzlich stillsteht. Dazu dieser Geruch, den du nie wieder aus der Nase bekommst. Dieses Gemisch aus Öl, Gas, Alkohol, Fäkalien und Verrottung. Ein Gestank, der sich in jeder Pore festzusetzen scheint, durch jede Faser dringt.

Dieser Geruch wird für mich untrennbar verbunden sein mit jenem Tag, der mein Leben für immer verändern sollte.

Ich funktioniere nur noch

Tag 1 | 15. Juli 2021

Es ist die Nacht vom 14. auf den 15. Juli 2021, als eine nie dagewesene Sturzflut in der größten Naturkatastrophe der deutschen Nachkriegszeit im Ahrtal 134 Menschen in den Tod und unzählige Gebäude, Autos, Straßen, Brücken, Wohnwagen und die greifbare Vergangenheit zigtausender Menschen in einem mörderischen Strudel mit sich reißt – und in ihrer Konsequenz auch für eine tiefgreifende Zäsur in meinem bisherigen Leben sorgt.

Ich bin kaputt.
Durch.
Bis auf die Knochen durchnässt.

Der andauernde Starkregen hat auch unsere Reitanlagen unter Wasser gesetzt. Stress und Maloche pur in den vergangenen 48 Stunden lassen mich um 22 Uhr erschöpft ins Bett fallen. Trotzdem kann ich kaum schlafen, wache um 3, 4 Uhr schon wieder auf, chatte mit Wilhelm. Sonst kommunizieren wir über Nachrichten, doch dieses Mal greift Wilhelm zum Hörer, es muss wichtig sein. „Hast du schon gehört, was im Ahrtal und der Eifel los ist?“, will er von mir wissen. „Keine Ahnung“, muss ich zugeben. Zu sehr haben mich die Ereignisse auf unseren eigenen Höfen beschäftigt. Schnell fasst Wilhelm das Geschehen zusammen und beschließt: **„Ich fahr' dahin."** Schon beim Hochwasser in Dresden hat er 2002 und 2013 geholfen, „aber das hier ist anscheinend noch schlimmer". Mit sieben Mitarbeitern, Lkw, Radlader, Sprinter, Notstromaggregat, Kabeln, mehreren Motorsägen und ausreichend Kraftstoff reist er von Fulda ab. **„Wenn du fährst, fahr' ich auch"**, verspreche ich. Im Gepäck habe ich nur das Nötigste. Gummistiefel, noch nass vom Einsatz der vergangenen Tage, feste Schuhe, eine Jacke zum Wechseln, was zu trinken und zwei Äpfel.

Meine Vorstellung: Ein bisschen Schlamm schippen, helfen, Zufahrtswege räumen,

damit die Rettungskräfte zu Menschen und Häusern kommen. Schon am Abend will ich wieder zu Hause sein. Noch sollte ich nicht ahnen, dass dies erst drei Tage später passieren würde.

„Liebe Freunde, meine Stiefel sind noch nass von letzter Nacht, aber ich fahr' jetzt los Richtung Haribo, da ist Treffpunkt mit Wilhelm Hartmann, und von da aus werden Fahrzeuge koordiniert und Hilfskräfte. Jeder kann irgendwo helfen, sei es finanziell, oder eben per Hand oder mit Maschinen. Das funktioniert alles nur, wenn wir zusammenstehen", lautet um 9.46 Uhr der letzte Aufruf an meine Community, bevor ich den Zündschlüssel umdrehe und den Kleinen Schwarzen samt Hakenlift mit Erdmuldencontainer vom Hahnenhof gen Ahrtal lenke, nichtsahnend, dass ich mit dieser Fahrt mein bisheriges Leben hinter mir lassen sollte. Ein Jahr später ist nichts mehr, wie es war: das Ahrtal, mein Leben und ganz besonders ich.

Mit 50 km/h Höchstgeschwindigkeit steuere ich dem Ungewissen entgegen, habe keine Ahnung, was mich erwartet. Hilferufe von Besitzern überschwemmter Reitanlagen, die keinen Zugang zu ihren Pferden haben, erreichen mich. Mir wird klar: Wären wir nicht so gut vorbereitet gewesen, uns hätte ein ähnliches, wenn auch nicht so dramatisches Schicksal ereilt. Während ich mich gen Ahrtal orientiere, habe ich fünf Mitarbeiter plus Maschinen nach Erftstadt, in den Raum Brühl und Inden geschickt. Mit Teleskopladern sollen sie von der Flut eingesperrte Menschen aus ihren Wohnungen holen, pumpen Wasser an betroffenen Höfen ab, helfen mehrere Tage, wo es geht.

Mit jedem Meter, den sich der Kleine Schwarze vom heimatlichen Hof entfernt und dem Ahrtal nähert, wird deutlicher, welches Ausmaß diese Katastrophe umfasst. Nicht zuletzt durch die vielen Anrufe, die während der Fahrt eingehen. „Liebe Kollegen, ihr müsst jetzt

„Wenn
du
fährst,
fahr'
ich
auch.

ganz schnell handeln" – so sollte ich in den nächsten Tagen die meisten Live-Videos beginnen und damit an die großartige Community der Landwirte appellieren. Mal geht es um dringend benötigte Unterstellmöglichkeiten für Pferde aus überfluteten Reitanlagen an der Erft. Mal erreicht mich ein Hilferuf der Feuerwehr Düren, die mittels meiner Social-Media-Reichweite auf die überschwemmte Gemeinde Inden aufmerksam machen will. „Es gibt aktuell keinen Kontakt zu den Bewohnern, es werden ganz dringend Radlader angefordert. Die Menschen müssen mit der Radladerschaufel oben aus den Häusern runtergeholt werden. Bitte, bitte ganz schnell handeln, bitte ganz schnell weitergeben an alle Kollegen, an alle Bauern, an alle Bauunternehmer", appelliere ich in einem Video.

Dass ich mich wie immer auf die Community verlassen kann,

sollte ich schon ein paar Stunden später durch einen dankbaren Facebook-Post von André aus Inden erfahren: **„Ich möchte einfach nur Danke sagen für deinen Aufruf.** Am Feuerwehrhaus in Inden trafen Traktoren mit Kippkarren, Saugfässer und sogar Bagger und Rad- oder Teleskoplader ein. Da mein Elternhaus selber betroffen war, hat es mich umso mehr gefreut, dass ein Mitarbeiter von Dir mit dem JCB ca. 40 Tonnen Geröll und Kies abgefahren hat. Alles super unkompliziert und schnell gemacht. Das war einfach eine klasse Aktion. Mir bleibt einfach nur Danke zu sagen, auch im Namen von ca. 40 Anwohnern." Auch ich kann mich nur immer wieder bei allen bedanken, die helfen und betonen: **„Wir sind eine starke Gemeinschaft – wahrscheinlich die stärkste Gemeinschaft von ganz Deutschland!"**

Um das Video aufzunehmen, lenke ich den Kleinen Schwarzen auf ein Stoppelfeld vor Heimerzheim und erwarte einen soliden Acker unter den Traktorreifen. Weit gefehlt. Durch den starken Dauerregen der vergangenen Tage ist der Boden bis zum Limit vollgesogen. Ich sacke mit Traktor und Erdmulde ein, schaffe es mit Allrad gerade so zurück auf festen Boden und komme neben einem Polizeiauto zum Stehen, hinter mir die matschverdreckte Straße.

Prima, denke ich, da wird eine Anzeige wegen Fahrbahnverschmutzung fällig. Ich will den Beamten die Situation erklären und mich entschuldigen, doch ich merke schnell, die dreckige Straße ist zur Stunde das kleinste Problem der Ordnungshüter. Das unbürokratische Verständnis, dass sich noch für Wochen und Monate nach der Katastrophe im Ahrtal etablieren und für viele praktische, zeitnahe Lösungen verantwortlich sein sollte, hatte begonnen. Nun ist mein dringendstes Problem der mangelhafte Empfang, zu viele Funkmasten sind durch die

Flut zerstört. Um das Video mit dem Hilferuf hochzuladen, muss ich also erst einmal wieder Richtung Bonn fahren.
Kaum bin ich wieder auf Kurs gen Ahrtal und an Heimerzheim vorbei, offenbart sich die nächste Herausforderung: Je näher ich ans Ahrtal komme, desto voller werden die Straßen. Aber hier stoppt der Verkehr komplett. Nichts geht mehr, vor mir eine Riesenschlange, Lkw an Lkw, ein Fahrzeug nach dem anderen setzt zurück. Schließlich die Erklärung:

Die Straße ist einfach weggebrochen...

„Hier passieren noch Schäden, das ist nicht absehbar", orakele ich in einem kurzen Video, und dies sollte sich über die kommenden Stunden und Tage immer wieder bewahrheiten. Über Umwege schlage ich mich weiter durch, immer dichter wird die Frequenz an DLRG und DRK. Die Szenerie ist in omnipräsentes, blau flackerndes Licht getaucht, der unheilvolle Soundtrack der Sirene komplettiert die gespenstische Atmosphäre.
Vorbei an kleineren Ortschaften entdecke ich entlang des Wegs immer wieder Überschwemmungen. Zum Teil Reitanlagen, die ich von früheren Besuchen kenne. Nur noch die Dächer schauen aus noch nie vorher gesehenen Wassermassen hervor. Mein Kopf fühlt sich dumpf an, meine Vorstellungskraft überfordert. Zuviel Input. Mein Hirn kann die surrealen Bilder nicht verarbeiten, der Film in meinem Kopf ist plötzlich auf lautlos gestellt. Mit Blick auf die Flüsse setzt mein logisches Denken wieder ein: „Die fließen alle in unsere Richtung", analysiere ich. Gen Bergheim, meine Heimat, wo ich zur Schule gegangen bin. Auch wenn Burg Stammeln von der Erft recht weit weg liegt, die ungeheuren Wassermassen machen mir Angst. Kurzzeitig überlege ich umzudrehen, wieder zurückzufahren. Doch letztendlich bleibe ich auf Kurs.
In Morenhoven muss ich auf die andere Flussseite wechseln. Überraschend viele Menschen stehen am Straßenrand, winken, scheinen mich von Social Media zu kennen. Auf der Straße vor mir kann ich gerade noch so die Begrenzungspfähle ausmachen, ansonsten nur Wasser, soweit das Auge reicht.

Ich muss eine Entscheidung treffen, durchfahren oder nicht?

Noch nie habe ich einen Traktor durch so tiefes, unabwägbares Wasser gelenkt. Ich habe keine Ahnung, was hier passiert ist oder was mich erwartet. Ist die Straße überhaupt noch da? Fehlt auch die Brücke? Was liegt unter den undurchschaubaren Wassermassen? Den Fluss kann ich nicht sehen. Wie in Schockstarre führe ich den Kleinen Schwarzen ins Ungewisse, es kostet mich unendliche Überwindung, ihn ins vielleicht sichere Verderben zu lenken. Angesichts der vielen Menschen um mich herum, die hilflos mit ansehen müssen, wie ihr Hab und Gut Zentimeter um Zentimeter vom Wasser verschlungen wird, macht sich ein Gefühl der Ohnmacht breit. Doch der Traktor ist mein „happy place", der einzige Ort der Welt, an dem ich mich komplett sicher fühle, Angst nicht zu existieren scheint. Auf dem Traktor bin ich aufgewachsen, groß geworden, habe meine Kindheit und Jugend verbracht. Ich kann die Maschine genau einschätzen, weiß, wie sie reagiert, wie weit ich gehen kann, wie ich sie zu führen habe. Die Pedale und Knöpfe werden zur natürlichen Verlängerung meiner Arme und Beine, Maschine und ich sind eins. Noch nie bin ich mit einem Traktor umgekippt, hatte nie einen Unfall. Der Traktor ist mein Stück Sicherheit, die Fahrerkabine ein Sicherheitskorb, der mich umgibt. Auch die nächsten Tage und Wochen sollte sie mein geheiligter Rückzugsort, mein kleines Fleckchen Normalität inmitten des uneinschätzbaren Chaos' sein. Ob ich die Tür für die Außenwelt aufmache oder nicht, ist meine Entscheidung. Doch solange ich hier drin bin, fühle ich mich sicher.

Draußen, inmitten von Schutt und Geröll weiß ich nie, was der nächste Schritt bringt, ob ich in einen Nagel trete oder ein Loch stürze. Ich habe keine Kontrolle, liefere mich dem Schicksal komplett aus. Aber hier drinnen bin ich Herr des Geschehens. Ich merke sofort, ob etwas außerhalb des Normalen liegt, ob sich der Traktor neigt oder mit dem Vorderrad festhängt, kann es korrigieren, habe die volle Kontrolle. Auf diese hoffe ich auch in der jetzigen Situation. An den aus dem Wasser rausragenden Pfählen versuche ich meine Chancen abzuschätzen. Müsste eigentlich gut gehen. Aber was mach ich, wenn der Kleine Schwarze Wasser zieht und ich nicht mehr weiterkomme?, wäge ich das Risiko in meinem Kopf ab. Doch auch dieses Mal sollte mich der Traktor nicht im Stich lassen und trägt mich sicher durch die nasse Gefahr.

Im emotionalen Autopiloten lege ich Zentimeter um Zentimeter zurück. Längst habe ich aufgegeben, die Bilder in meinem Kopf verstehen zu wollen, meine Augen nehmen absurde Szenarien auf, nichts macht mehr Sinn, alles dreht sich. Von Wilhelm kommt die Info, dass wir uns in der Heerstraße in Bad Neuenahr treffen statt bei Haribo. Dort angekommen, kann ich mich an Teile der Fahrt kaum erinnern.

Wie in Trance funktioniere ich,

versuche das surreale Gesehene und Erlebte einzuordnen in Parameter, die meinem Gehirn bekannt sind. Kaum biegt der Kleine Schwarze in die Heerstraße ein, fühle ich mich an das Set eines Science-Fiction-Films versetzt.

Totenstille, menschenleer.

Als wäre ich allein auf der Welt. Wieder ein Bild, das mein Gehirn nicht zuordnen kann. Die Feuerwehrleute, die ich schließlich ausfindig machen kann, passen in die postapokalyptische Szenerie. Sie sind gezeichnet von einer Nacht, die Tausende Menschen noch Jahrzehnte begleiten wird. Irgendwann in den nächsten Tagen sollten Wilhelm und ich den Begriff der „Gefühlswaschmaschine" prägen und gerade fühle ich mich wie im Schleudergang. Anhand der Bilder, die meine Hinfahrt prägten und ein emotionales Wechselbad aus Unglauben, Verzweiflung und purer Fassungslosigkeit auslösen, glaube ich annähernd ahnen zu können, was die Menschen erlebt haben. Doch wie unwissend ich in Wirklichkeit war ob der ungeahnten Dimensionen und unvorstellbaren Szenarien, die sich noch vor wenigen Stunden hier abgespielt hatten, sollte sich bald herausstellen.

Der Regen hat aufgehört, die Welle ist durch, die akute Lebensgefahr gebannt. Jetzt geht es „nur" noch ans Aufräumen, damit die Menschen wieder überall hinkommen und es einen Zugang für die Rettungskräfte gibt, denke ich in meiner damaligen Naivität. Denn dass das Tal voll ist mit offiziellen Hilfskräften, daran besteht für mich kein Zweifel. Sekündlich erwarte ich Mitarbeiter des Katastrophenschutzes, die mir sagen, wo ich mit meinen Maschinen am nötigsten gebraucht werde und mich einsetzen. **Gummistiefel an, Schippe raus, Erdmulde absetzen, mit anpacken,** alles aus dem Weg räumen, was geht und abends nach getaner Arbeit wieder nach Hause fahren – so lautet mein Plan. Ich will einfach nur helfen und die Menschen unterstützen, bis alles im Takt ist. Sobald alles läuft, bin ich wieder weg. Dann ist mein Part getan, dann greift der offizielle, staatliche Rettungsplan. Nichts anderes lässt meine Vorstellungskraft angesichts eines solch durchstrukturierten und hierarchisch geführten Landes wie unserem zu. Doch neben den Feuerwehrmännern sind Wilhelm, seine Mitarbeiter und ich die einzigen Helfer vor Ort. Nach einer kurzen Lagebesprechung werden wir in den Ortsteil Walporzheim geschickt. Stumm setze ich mich auf den Kleinen Schwarzen und folge den anderen stumpf. Zu viel, was gerade auf mich einströmt und nicht in mein rational geprägtes Bild passt. Insgeheim klammere ich mich noch immer an die Hoffnung, dass vielleicht doch nicht alles so schlimm ist. Schließlich sind die Menschen im Ahrtal Hochwasser gewöhnt, wissen, wie man damit umgeht, denke ich mit Blick auf die unversehrte Heerstraße.

Es ist 13.42 Uhr, als uns die Wirklichkeit einholt. Nachdem unser kleiner Konvoi von der Bundesstraße nach Walporzheim abgebogen ist, erwartet uns im Kreisel am Ortseingang ein Gemisch aus Schlamm und braunem Wasser, durch das ich den Kleinen Schwarzen lenke. Doch die Walporzheimer Straße sieht recht sauber aus, wiegt uns in trügerischer Sicherheit. Aus dem menschenleeren Szenario stechen zwei Fahrradfahrer heraus. Gehölze – Äste, aber auch zerborstene Möbel – sind auf Fahrbahn und Bürgersteig verstreut. Doch erst ein Gas-Tank, der scheinbar wahllos vor der ehemaligen Weinbauschule liegt, sollte der Vorgeschmack sein für das, was uns nur Minuten später erwartet. Am Jesuskreuz an der Pfaffenbergstraße fällt mein Blick auf Schlamm überzogene Weinflaschen und -gläser, die neben einem umgestürzten Jägerzaun und Stofffetzen verstreut sind. „Was war denn hier los? Sind das die Überreste eines Gelages?", frage ich mich und suche in meiner Umgebung verzweifelt nach Anhaltspunkten für das seltsame Szenario.

Nur ein paar Meter weiter sollte mein analytisch geprägter Verstand endgültig aufgeben.

Meterhohe Stapel aus scheinbar willkürlich zusammengewürfelten Gegenständen wie Holz, Müll oder Weinfässern, in ihrer Absurdität nur noch gekrönt von Autos, die aus dem unerklärbaren Chaos herausragen, blockieren die Straße, ragen bis in die oberen Etagen der umgebenden Häuser.

Meine Nase fängt einen Geruch ein, der noch heute untrennbar mit jenem ersten Einsatztag verbunden ist. Diese Mischung aus allem, was man nicht gerne riecht, das perfekte Anti-Deo: eine olfaktorische Herausforderung aus Öl, Fäkalien, Verrottung und Alkohol. Ein Gestank, der sich in jeder Faser, jeder Pore festzusetzen scheint. Dazu Totenstille, nicht mal ein Vogel ist zu hören. Kein Mensch zu sehen.

Eigentlich ein schöner Tag, denke ich. Hinter den Wein bewachsenen Hügeln blitzt die Sonne hervor. Städter lieben diese Mischung aus Stille und Idylle, sinniere ich. Doch selbst meinem überforderten Verstand ist klar, idyllisch ist keineswegs das passende Adjektiv in dieser Situation. Noch immer versuche ich zu verstehen, was passiert ist, die Puzzleteile aneinanderzureihen. Die Ahr ist nicht zu sehen, muss sich locker 300 Meter weiter weg durch ihr Bett schlängeln. Wer hat die Autos aufgestapelt?

Was für Gewalten waren hier am Werk?

Hochwasser kennt fast jeder. Starker Regen, übersättigte Böden, feuchte Keller. Zumindest in Deutschland hält sich das Schadensmaß meist in Grenzen. Auch unsere Ställe standen schon unter Wasser. Sachen werden nass, müssen wieder getrocknet werden, aber es wird nichts angeschwemmt. Keine Weinfässer, keine Gas-Tanks und schon gar keine Autos. Nur ein aufblasbares Krokodil hat es an einem Pfingst-Unwetter mal in einen der Ställe geschafft. Lustig war das, als es beim Aufräumen an uns vorbeigeschwommen ist. Hier ist nichts lustig. Die gespenstische Stille wird inzwischen jäh vom Rotorengeräusch der über uns kreisenden Hubschrauber zerrissen. In meinem Kopf ist immer noch Standbild. Als Mensch, der immer versucht, alles zu verstehen, der alles einordnen muss und Gründe und Ursachen eruiert, stoße ich ob dieser gleichwohl unerklärbaren als auch surrealen Situation an meine Grenzen.

Noch immer versuche ich zu verstehen, was passiert ist, die Puzzleteile aneinanderzureihen.

Wo sind all die Menschen,

sind die etwa noch alle in ihren Häusern?, frage ich mich und gebe mir auch gleich selbst die Antwort: „Die sind sicher alle evakuiert. Wenn so etwas anrollt, werden die alle weggelaufen sein“, versuche ich Logik in das Chaos reinzuinterpretieren.

Nach einer kurzen Lagebesprechung machen wir uns ohne große Worte an die Arbeit. **Das Ziel ist klar:** Wegräumen, aufräumen, und falls noch Menschen in ihren Häusern gefangen sind: einen Weg freimachen, um sie zu retten.

Weingut
Heinz-Peter Bier

"

Im emotionalen Autopiloten lege ich Zentimeter um Zentimeter zurück. Längst habe ich aufgegeben, die Bilder in meinem Kopf verstehen zu wollen, meine Augen nehmen absurde Szenarien auf, nichts macht mehr Sinn, alles dreht sich.

Die beiden Feuerwehrleute sehen fertig aus, haben wahrscheinlich die ganze Nacht schon geräumt. Stumm werden die Kettensägen angeworfen, die riesigen, angeschwemmten Stämme nach und nach in transportgerechte Stücke zerteilt und mit Radladern auf meine Erdmulde geladen. „Wir räumen jetzt hier die Straße frei, hier sind ganz viele Autos mit drin in dem Haufen, Weinfässer seht ihr hier. Es ist echt übel und wir wissen nicht, was noch alles da drin ist. Eine Person ist wohl noch vermisst", gebe ich per Video einen kleinen Lagebericht aus dem Bad Neuenahrer Ortsteil, noch immer nicht sicher, was hier passiert ist, welche Kräfte hier gewirkt haben. „Das Schwemmgut geht noch weiter, auch hinten die Ecke noch rum", kommentiere ich, als meine Kamera Bilder einfängt, die der normale Menschenverstand nicht zu verstehen vermag: Zerbeulte Autos am Straßenrand neben meterlangen Baumstämmen und massiven Metallblechen, in der Gosse vermischt sich der Inhalt ausgelaufener Weinfässer mit Schlamm und Dreck. Über Holzstämme, Schränke, Stühle, Autoteile und Gas-Tanks kraxeln Wilhelms Mitarbeiter im meterhohen Schwemmgut, arbeiten sich mit ihren Kettensägen durch das Gehölz vor. Wir sind im Prinzip allein auf weiter Flur, die Jungs zerteilen, andere laden, ich fahr' den Müll weg. „Ich find' das einfach Wahnsinn, dass jemand aus Fulda sich auf den Weg macht, um hier zu helfen, das ist schon 'ne krasse Leistung", zolle ich Wilhelm und seinen Mannen Respekt. Bis Sonntag wollen sie bleiben, so der ursprüngliche Plan. Dass Wilhelm auch ein Jahr später noch in der Fluthilfe aktiv sein sollte, ein Containerdorf, ein Baustoffzelt und vieles mehr für Betroffene und Helfer auf die Beine stellen sollte, konnte zu jenem Zeitpunkt keiner ahnen. Wie so oft hat das Leben andere Pläne **– der Mensch denkt, Gott lenkt.**

Mangels Offiziellen, die Entscheidungen treffen und organisieren, suchen wir uns kurzerhand selbst einen Ort, um den Müll abzuladen. Das sollte erst einmal am kleinen Platz neben dem Fahrradladen Richtung Ortsausgang sein, später funktionieren wir einen Streifen der Bundesstraße zur temporären Deponie um.

Das Müllabkippen ist meine verhassteste Tätigkeit, kostet mich alle 30 Minuten höchste Überwindung. Um den Container kippen zu können, muss ich jedes Mal unter die Mulde kriechen, um die Hydraulikschläuche anzuschließen. Eine hakelige Angelegenheit und vor allem eine eklige. Denn währenddessen läuft mir der flüssige Inhalt der Ladung – das ganze Spektrum der Gosse aus Wein, Fäkalien, Öl, Benzin, Chemikalien – wie aus einer Flasche gegossen über den Körper. All die Gerüche, die allgegenwärtig in der Luft liegen, saugen sich in flüssiger

Form in Shirt und Hose. Triefend nass komme ich unter der Mulde hervor, wohl wissend, dass mich dasselbe Schicksal wieder in einer halben Stunde erwartet.
Zurück am Einsatzort nutze ich die Zeit, bis meine Mulde wieder gefüllt ist, um in Videos den Status quo vor Ort zu dokumentieren. Die kurzen Filme sollten die Situation nicht nur für mich begreifbarer machen und als Aufrufe in den nächsten Tagen jede Menge Hilfe ins Tal bringen, sondern in die Zukunft blickend auch als zeitgeschichtliches Dokument der größten Naturkatastrophe der Nachkriegszeit in Deutschland dienen.

Um uns durch die meterhohen Anschwemmungen arbeiten zu können, müssen erst einmal die kreuz und quer gestapelten Autos aus dem Weg geschafft werden. Auch auf dem überfluteten Parkplatz des Romantikhotels stehen ein paar schicke Schlitten, teuer sehen sie aus und auf den ersten Blick auch noch ganz ok. Als Wilhelm aus den Holzstapeln eins der scheinbar minimal versehrten Fahrzeuge mit dem Gabelzinken rausfischt, springe ich entsetzt vom Traktor: **„Ey Wilhelm, bist du bescheuert, wir müssen doch die ganzen Autos bezahlen, die du jetzt hier kaputtmachst“**, rufe ich panisch. Für mich ist klar, da muss nur die „Blötsch“ aus dem Auto gezogen werden und dann ist das wieder in Ordnung. Doch Wilhelm schaut mich nur an: **„Markus, die sind Schrott, die sind komplett geflutet.“** Wieder einer dieser Momente, wo Wahrnehmung und Realität nicht konform gehen, ich mich nicht auf Logik und analytisches Denken verlassen kann. Doch mit jeder weiteren Sekunde, jedem neuen Input nimmt das Puzzle langsam Form an, verstehe ich mehr, was passiert ist.

Eine Ringelnatter, die sich durch den Haufen von uns wegschlängelt und die wir später tot in den Anschwemmungen finden, ist ein weiterer Schlüsselmoment für mich. Als Naturmensch weiß ich, dass diese Schlangen zwar auch in der Nähe von Gewässern leben, sich vielleicht in einer stillen Pfütze von Fröschen oder Kaulquappen ernähren, aber definitiv nicht in einem Fließgewässer wie der Ahr beheimatet sind. Meine Mitstreiter tippen auf eine Hausschlange aus einem weggeschwemmten Terrarium, ich hingegen auf eine Schlange, die hier im Weinberg lebt und von der Flutwelle ins Tal mitgerissen wurde. Wie in Zeitlupe dämmert es mir allmählich: Keiner der wahllos kumulierten Gegenstände gehört hierhin, ist von anderen Häusern, Straßen oder gar entfernten Ortschaften von einer Kraft hierhin katapultiert worden, die sich unserer kühnsten Vorstellung entzieht. Klick. Ein weiteres Puzzleteil fügt sich ein.
Ich denke an meine damals vierjährige Tochter Paula. An unsere gemeinsamen Naturerkundungen, an all die Tiere und Pflanzen, die wir

zusammen entdecken, schicke ihr ein Bild der Schlange, die ich auf einem Weinfass abgelegt habe. „Was macht die da? Hat die sich etwa weh getan oder soll ich ihr ein Pflaster drauf tun oder hat es geblutet?“, will Paula per Sprachnachricht wissen und beschließt schon in der nächsten Nachricht: „Du sollst die mitbringen, ich verarzte sie.“ Die Natter hat einen großen Schnitt an der Seite, Fliegen haben sich schon eingenistet. Auch für sie kommt jede Rettung zu spät. Mir ist gleichzeitig nach Lachen und Weinen zumute. Paulas grenzenlose Tierliebe und Empathie zerreißen mir das Herz, führen mir den eklatanten Widerspruch meiner heilen Welt zu Hause und einer Welt, in der nichts mehr so ist, wie es sein sollte, vor Augen.

Währenddessen arbeiten wir uns Stück für Stück durch die scheinbar undurchdringbare Mauer, die die Welle uns hinterlassen hat. Jeder Handgriff sitzt, schon bald sind wir zu einem eingespielten Team verschmolzen. Als wir am anderen Ende der Walporzheimer Straße hinter der Kapelle einen Baggerarm entdecken, fällt eine Riesenlast von unseren Schultern. Ein Lebenszeichen! Wir sind nicht allein, arbeiten aufeinander zu, können uns die Last teilen. Die schier hoffnungslose Aufgabe scheint plötzlich machbar.

Ein Fünkchen Hoffnung hat angefangen, diese Ohnmacht mehr und mehr zu verdrängen.

Die Arbeit ist simpel, doch die Ungewissheit, was sich außer Holz, Müll, Weinfässern und Autos noch in den Tiefen der Stapel verbirgt, löst Unbehagen aus. Von der Flutwelle mitgerissene Gasflaschen, die wir aus dem Wust herausfischen, sind eine dieser uneinschätzbaren Gefahren. Von der schieren Kraft der Welle beschädigt, können sie auslaufen, beim geringsten Funken oder Kontakt mit einem Verbrennungsmotor explodieren. Auch Vermisste soll es noch geben. Wir hatten gehofft, Menschen noch lebend aus ihrem von der Flut gebauten Gefängnis herausholen zu können, das war unsere Motivation. Doch in den Trümmern finden wir nur noch die sterblichen Überreste jener, die den ungleichen Kampf gegen die übermächtigen Naturgewalten verloren haben. Die hatten keine Chance, stehe ich fassungslos vor dem Zeugnis der Vernichtung.

Jeder, der das überlebt hat, hatte einen Schutzengel.

Später, als wir uns zur Ahruferstraße vorgearbeitet haben, sollte Martin Feldhoff noch ein paar ältere Menschen, die in ihren Häusern gefangen waren, mit seinem Bully rausfahren können. Sirenen, Warnungen, Evakuierung? Fehlanzeige. Das Versagen der übergeordneten, verantwortlichen Stellen zu Lasten der Menschen, die ihr gesamtes Hab und Gut oder gar ihr Leben verloren haben, wird immer deutlicher. Kühlschränke auf Vordächern, komplett entwurzelte Bäume, die in Wohnzimmerfenstern stecken, aufgerissene Straßen – die „Apokalypse pur" sollte Wilhelm später das Ganze treffend in einem Video zusammenfassen, als wir am Ahrufer immer ungeheuerlichere Auswüchse der Katastrophe entdecken. „Hier hat's Gebäude zerlegt. Schwere, massive Gebäude, das sind keine Holzhütten. Wahnsinn, also da fehlen mir echt die Worte. Da krieg' ich Gänsehaut und Hitzewallungen in einem", bringt Wilhelm es auf den Punkt und spart auch nicht mit Kritik: „Die haben gepennt. Es wurde nicht ausreichend gewarnt. Auch das vorbeugende Krisenmanagement war in meinen Augen überhaupt nicht vorhanden."

Mit Wilhelm und seinen Mitarbeitern bin ich bei der Müllbeseitigung allein auf weiter Flur – „da fehlt doch irgendwas, oder nicht?", pflichte ich ihm bei. „Es kommen jetzt 600 Leute vom THW aus dem Nachbarland Hessen. 600 Leute, das ist ein Tropfen auf den heißen Stein. Ich hab' einen kleinen Tross von der Bundeswehr gesehen, mit 'nem alten klapprigen Lkw und einem Mercedes-Jeep. Mehr haben sie wohl nicht mehr, was läuft. Ich muss echt sagen, das ärgert mich", lässt Wilhelm seinem Frust freien Lauf angesichts des menschlichen, tierischen und materiellen Schadens, der hätte verhindert werden können.

Der Grundstein einer beispiellosen Welle

Auch wenn unsere Arbeit inmitten des nicht enden wollenden Chaos' wie Sisyphusarbeit anmutet, macht sie den Anwohnern Mut. Noch sichtlich unter Schock stehend kommen über den Tag verteilt immer mehr aus ihren Häusern, werfen den ersten Schlamm verseuchten Hausrat in unsere Container.

„Mehr können wir nicht machen. Menschlichkeit zeigen",

bilanziert Wilhelm und gibt damit das Motto der nächsten Tage, Wochen und Monate vor und legt den Grundstein für die beispiellose Welle der SolidAHRität, die sich durch das Ahrtal ziehen sollte.

Offizielle Hilfskräfte, mit denen wir felsenfest gerechnet hatten, Unterstützung, eine Ablösung oder wenigstens eine Versorgung mit Frischwasser, Dixis oder Duschen sollte uns in Walporzheim in den ersten paar Tagen nicht erreichen. Zumindest nicht von staatlicher Seite. Dabei war die Lage hier unten bekannt, hatte uns doch die Feuerwehr Bad Neuenahr-Ahrweiler in diesen Ortsteil geschickt. Während ich mit meinen Aufrufen dringend benötigte Fachleute mit ihren Maschinen akquiriere, organisiert Wilhelm Toiletten und Duschen, die Anwohner werfen die Bestände ihrer stromlosen Kühlschränke und Gefriertruhen auf den Grill, auf Wilhelms Lkw mit Notstromaggregat läuft die Kaffeemaschine rund um die Uhr, Telefone werden aufgeladen und in Zeiten, wo nicht alle gleichzeitig an ihren Handys sind, gibt es sogar Internet. Essentiell für meine Aufrufe und die Kommunikation mit „draußen".

Auf einer meiner Erkundungstouren werde ich mit dem endgültigen Beweis der nicht existenten Evakuierung konfrontiert. Eine ältere Frau, schwarzes Haar, mit einem Kittel bekleidet, notdürftig mit einer Tischdecke zugedeckt, gibt den zahlreichen Todesopfern der mörderischen Flut stellvertretend ein Gesicht. Kaum haben meine Augen die Situation erfasst, drehe ich mich schnell um, muss mich schützen, kann dieses Bild nicht auf- und mitnehmen.
Um weitermachen zu können, mich nicht zu sehr mit dem Erlebten zu belasten, muss ich in den Selbstschutz gehen, zwinge meine Augen, die naturgemäß der Neugier folgend jede Szenerie aufnehmen wollen, auf unscharf zu stellen, sodass mein Gehirn keine Chance hat, die Situation korrekt zu entschlüsseln. Meine Grundregel, an die ich mich ohne Ausnahme halte: Sobald ein Arbeitsstopp wegen sterblicher Überreste erfolgt: Umdrehen und weggehen. Der Baggerfahrer hat diese Wahl nicht, das ist mir bewusst.
Bei insgesamt 134 Menschen, die in der Flutwelle ertranken oder vom reißenden Strudel mitgerissen wurden, werden in den Trümmern zwangsläufig sterbliche Überreste geborgen. Gliedmaßen oder auch ganze Körper, von den brachialen Kräften, denen sie ausgesetzt

waren, entstellt, finden sich zwischen Schutt, Müll und Gehölz. Normalerweise sollte ich meinen Mitstreitern in solchen Situationen, in denen sie mangels dafür ausgebildetem Fachpersonal vor Ort sind, beistehen, sie in den Arm nehmen. Doch ich kann nicht, würde an den unvorstellbaren Bildern zerbrechen. Als Wilhelm immer weiter zu den nächsten Orten vorpreschen will, bleibe ich zurück. „Sei mir nicht böse, Wilhelm, aber ich muss keine menschlichen Überreste finden. Meine Arbeit als Traktorist ist hier.“ Unsere Aufgabenverteilung ist klar: Ich der Arbeiter vor Ort, der die Aufrufe macht und mit seinen Maschinen hilft. Wilhelm der Pionier, der mit seinem Geländewagen zusammen mit der Feuerwehr durch die Weinberge fährt, um so viele Menschen wie möglich zu retten. Er ist einer derjenigen, der die ganz krassen Sachen gesehen hat, oft als erster vor Ort war und meine tiefste Bewunderung hat für das, was er aushält.

Über das, was er gesehen hat, spricht er nicht. Mit keinem. Nicht einmal mit mir.

Rund 300 Kilometer von Fulda angereist, hatte Wilhelm von vorneherein geplant, bis mindestens Sonntag im Katastrophengebiet zu bleiben. Nur rund eine Stunde von zu Hause entfernt wollte ich jedoch abends wieder bei meiner Familie sein – immer ausgehend von der Prämisse, dass vor Ort Fachleute für die Organisation zuständig und wir nur ausführende Helfer sind. Die Realität ist jedoch eine andere, und sowohl Wilhelm als auch mir ist klar:

Wenn wir jetzt gehen, dann passiert nichts mehr, es ist ja kaum einer da.

„Ich muss hierbleiben, ich kann heute nicht nach Hause kommen, es tut mir leid", informiere ich meine Frau in einem Telefongespräch, das mir nicht leichtfallen sollte. Doch angesichts der kaum in Worte fassbaren unbeschreiblichen Situation, mit der mein Hirn immer noch überfordert ist, kann ich dem Ahrtal nicht den Rücken kehren.
Tränen am anderen Ende der Leitung, Besorgnis, Angst. Beate hatte Gerüchte gehört, ein Damm sei kurz vor dem Bersten, sie fürchtet um mein Leben. Die Gerüchte sind mir neu, allerdings ist zu diesem Zeitpunkt mein Wissen bezüglich Dämmen, Talsperren und wie die Ahr wo von wem gespeist wird, ziemlich limitiert.
Ein mulmiges Gefühl macht sich breit, ich muss eine der schwersten Entscheidungen meines Lebens treffen: Einerseits die Verantwortung gegenüber meiner Familie, meiner Tochter Paula, die abends ihren Papa wieder in den Arm nehmen will. Andererseits die unvorstellbaren Bilder, das beispiellose Leid, das diese Katastrophe, die ihresgleichen sucht, angerichtet hat. Ich verspreche, gut auf mich aufzupassen, kein Risiko einzugehen, bei Gefahr im Verzug in die obersten Stockwerke der Häuser zu fliehen. Als sich die Gerüchte als ebensolche erweisen, willigt auch Beate am nächsten Tag ein:

„Bleib, hilf, tu, was du kannst."

Zu Hause läuft zum Glück alles wie am Schnürchen. Nicht nur die Landwirte haben eine gut funktionierende Gemeinschaft, auch Pferdebesitzer und Reitställe sind bestens vernetzt. So ist es gelungen, Tiere von überfluteten Anlagen in anderen Ställen unterzubringen. Allein auf unserem komplett ausgebuchten Hahnenhof sind zusätzlich etwa 20 Pferde untergekommen. Dass sich meine Aufrufe anfangs oft auf zu rettende Tiere, insbesondere Pferde, konzentrieren, resultiert aus meiner felsenfesten – im Nachhinein falschen – Annahme, dass die Menschen selbstverständlich frühzeitig evakuiert wurden oder sich selbst hatten retten können. Bei Tieren sieht die Lage angesichts solch übermächtiger Naturkatastrophen allerdings oft anders aus.

Auch in unserer kleinen Runde in Walporzheim hat das Gerücht des berstenden Dammes anscheinend die Runde gemacht. Unsere wenigen Mitstreiter tauchen so plötzlich wieder auf, wie sie verschwunden waren. Geflohen vor einem potentiellen Dammbruch, ohne uns zu warnen. „Fake News" meinen sie nur lapidar und fügen sich wieder in den Arbeitskreislauf ein.

Hunger, Durst, Müdigkeit –

das mit Hochdruck durch meinen Körper schießende Adrenalin lässt mich solche Bedürfnisse gar nicht erst wahrnehmen. Ich funktioniere im emotionalen Stand-by-Modus, auch als die Dunkelheit anbricht, räumen wir weiter auf, haben inzwischen eine kleine Gasse durch die Anschwemmungen in der Walporzheimer Straße geschaffen. „So, den ersten Teilabschnitt haben wir geschafft und jetzt kommen wohl die heftigen Sachen", informiere ich meine Community bei einer Fahrt durch die Straße. Von Wilhelms Mitarbeitern erfahre ich, dass aus dem ersten Stock noch Schlamm gelaufen ist. Bis zu drei Meter hoch soll der Matsch gestanden haben. „So sieht's hier aus, also richtig, richtig übel", so meine Bilanz.

Ich esse, was auch immer mir vorgesetzt wird. Neben dem Grillgut der Anwohner landen immer wieder Kuchen, Schnittchen und Getränke auf Wilhelms Lkw, wo wir uns in den kurzen Pausen bedienen. **Feierabend ist noch lange nicht in Sicht.** Ein junger Mann, blaues Hemd, schwarze Haare, Bart, taucht auf einmal auf, in der Hand einen Bund Zimmerschlüssel. Wo wir herkommen, will er wissen und wo wir heute Nacht schlafen. Ich plane irgendwann später ein kleines Nickerchen auf meinem Traktor, das als Schlaf durchgehen muss. Doch davon will er nichts wissen. „Nehmt euch ein Bett, hier sind die Schlüssel, die Zimmer sind frisch gemacht" und zeigt auf das Landhotel, das nur geringfügig vom Hochwasser betroffen ist.

Ich verteile die Schlüssel und arbeite weiter. **Laden, kippen, laden, kippen.** Es ist noch so viel zu tun. Gegen 2 Uhr verlangt mein Körper eine Pause. Die Hoffnung, dass das Chaos in meinem Kopf zur Ruhe kommt, habe ich längst aufgegeben. Ich gehe aufs Zimmer, ziehe die Tür ins Schloss und versuche mit der Außenwelt auch die Ereignisse des Tages hinter mir zu lassen, die schrecklichen Eindrücke abzustreifen. Ich bin dankbar, dass meine Mitbewohner noch nicht auf dem Zimmer sind. Muss erst einmal meine Gedanken sortieren, den Tag Revue passieren lassen, versuchen, das Puzzle zu komplettieren. Mein Kopf fühlt sich an wie ein Computer, der 56 Tabs gleichzeitig offen hat. Und keiner davon macht Sinn.

Neben Ruhe und Ordnung in meinem Kopf wünsche ich mir nichts mehr als eine gepflegte Dusche und eine funktionierende Toilette. In meinen klatschnassen Klamotten, deren Gestank ich kaum aushalten kann, ekel ich mich vor mir selbst. Doch Wasser ist immer noch Mangelware, an eine Dusche auch in den nächsten Tagen nicht zu denken. Und auch die Dixis sollten erst an Tag 3 kommen. Ich kontrolliere den Spülkasten der Hotel-Toilette. Voll. Prima, denke ich, einen Schuss hast du frei, und nutze dies auch gleich aus. Auch ohne meine durchsiffte Kleidung habe ich Hemmungen, mich in meinem dreckigen Zustand ins frisch gemachte Hotelbett zu legen. Doch lange sollte ich es eh nicht benutzen. So sehr mein Körper die Ruhepause nötig hat und runterfahren muss, meinem Kopf ist das Abschalten nicht vergönnt. Auch im Dämmermodus versucht mein Hirn, die Reizüberflutung des vergangenen Tages zu verarbeiten. Ruhelos wälze ich mich hin und her.

An Schlaf ist nicht zu denken.

Zu groß die Gefahr, dass sich Bilder und Filme des Tages als Träume in mein Gehirn schleichen und den Alptraum in die Endlosschleife multiplizieren. Gefolgt von der Angst, dass sich die Gerüchte des nahenden Dammrisses bewahrheiten könnten.

Während sich zum rhythmischen Surren der Hubschrauberrotoren das flackernde Blaulicht von der höher liegenden Bundesstraße auf meinem Gesicht spiegelt, döse ich traumlos vor mich hin. Mein derangiertes Äußeres das Spiegelbild meines aufgewühlten emotionalen Innenlebens.

„Mein derangiertes Äußeres das Spiegelbild meines aufgewühlten emotionalen Innenlebens.

Tag 2 | 16. Juli 2021

Nur ein paar Stunden später ist die Nacht für mich schon wieder vorbei. Es wird langsam hell, auf Wilhelms Lkw läuft schon die Kaffeemaschine. Der Himmel ist diesig, die Luft schwül mit der Verheißung von Regen. Wie eine Dunstglocke liegt der träge Dampf über dem Tal, das scheinbar verzweifelt versucht, die letzten Überreste der todbringenden Feuchtigkeit auszuschwitzen und gen Himmel zu schicken. Ein Reinigungsprozess, eine Entgiftung, die sich auch in den Anwohnern widerspiegelt. Mit jedem Möbelstück, jeder greifbaren Erinnerung, jedem Beweis ihres gelebten Lebens, das der Schlamm unrettbar zerstört hat und nun vor der Haustür landet, erobern sie sich nach anfänglicher Schockstarre ihr Leben zurück, übernehmen wieder die Kontrolle.

Nach einem schnellen Kaffee und Keksen als Frühstück füge ich mich nahtlos in den Arbeitsrhythmus des vergangenen Tages ein. Zentimeter um Zentimeter, Meter um Meter schlagen wir eine Schneise durch die angeschwemmten Trümmer. Die Walporzheimer Straße ist größtenteils frei, unser nächstes Ziel sind die Seitenstraßen, wir wollen zu den Betroffenen. Hoffen, noch welche lebend aus ihren Häusern befreien zu können. Neben den zwei älteren Menschen, die Martin nachts um halb 3 aus ihren Häusern retten konnte, wurde eine andere Person wohl per Helikopter evakuiert. Bis dato hatte ich kaum Anwohner gesehen, mit nur wenigen gesprochen, kein durchflutetes Haus aus der Nähe betrachten können. Das sollte sich mit meiner nächsten Begegnung ändern und gleichzeitig ein neues, wichtiges Puzzlestück ergänzen.

Es sind ihre Schuhe, die mir sofort ins Auge stechen: Puschelhausschuhe. Fluffig, komfortabel und die denkbar ungünstigste Fußbekleidung, die man sich in 20 bis 30 Zentimeter tiefem Schlamm nur vorstellen kann. Sie stecken an den Füßen einer älteren Frau, die an der Ecke Walporzheimer Straße/Josefstraße durch Dreck und Matsch watet. Wieder ein eklatanter Widerspruch, den mein Gehirn nicht einordnen kann.

Gemütliche Puschen, Überbleibsel einer heilen Welt, mitten in Chaos und Ausnahmezustand.

Demenz oder Schock wäge ich als erklärende Ursachen ab und frage, ob ich helfen kann. Freundlich weise ich sie auf die Wahl ihres Schuhwerks hin und schlage vor, vielleicht etwas Passenderes anzuziehen. „Kommen Sie mal mit", sagt sie nur und wenig später stehe ich erstmals in einem Flut geschädigten Gebäude. Der Anblick von durchs Fenster gedrückten Möbeln, tonnenschweren Bäumen auf Garagendächern oder Gas-Tanks auf Autos hätte mich eigentlich auf den Blick ins Innere eines von solchen Naturgewalten getroffenen Hauses vorbereiten sollen. Hat er aber nicht. „Unvorstellbar" und „auweia" sind mit die einzigen Wörter, die mir angesichts des Ausmaßes der Zerstörung über die Lippen kommen: Im Wohnzimmer liegt kein Teppich auf dem Boden, steht kein Sofa, nichts erinnert mehr daran, dass dies einmal ein Rückzugsort war. Boden und Wände sind mit einer dicken Schlammschicht überzogen, lassen erahnen, wie weit sich die Flut ins Haus gedrängt hat, wie hoch das Wasser in jener schicksalshaften Nacht gestanden hat. Bis auf wenige verrückte Möbel herrscht erschreckende Leere. Vereinzelte Deko-Gegenstände lassen ein einst gemütlich eingerichtetes Zuhause vermuten. „Rutschen Sie mir nur nicht aus!" warnt die ältere Frau und zeigt auf eine ebenfalls leere Stelle: „Dort haben meine Schuhe gestanden."

„Dort haben meine Schuhe gestanden."

Wieder macht es Klick in meinem Kopf. Ein ganzes Leben wurde hier weggeschwemmt, nicht nur ein paar Schuhe. Gewöhnliches Hochwasser lässt Keller vollaufen, vielleicht auch mal ein paar Zentimeter im Erdgeschoss. Doch diese Welle hat ganze Leben ausgelöscht und mitgenommen.

Ich mache nur ein kurzes Video, bin mir nicht sicher, ob sie verstanden hat, dass der Clip in den sozialen Medien von vielen Tausenden Menschen abgerufen werden könnte, halte die Kamera nicht auf ihr Gesicht, zeige nur die zerstörte Wohnung. In der Zwischenzeit stößt eine Verwandte der Frau zu uns. Nach dem Video unterhalten wir uns noch ein bisschen. Jedes Gespräch mit Betroffenen macht die schier unfassbare Naturkatastrophe greifbarer, gibt ihr ein Gesicht, verbunden mit einem persönlichen Schicksal. Und mit jeder zusätzlichen Information füllen sich auch sukzessive die Leerstellen, die mir nach wie vor für ein erklärendes Gesamtbild fehlen.

Meine Begegnung mit der älteren Dame hat mich tief bewegt, emotional aufgewühlt.

Gerade mal 8 Uhr und die Gefühlswaschmaschine ist schon wieder in vollem Gang.

Dabei fing der Schleudergang schon um 6 Uhr morgens an. Laut Wilhelm sind 50 Traktoren aus dem Westerwald unseren Aufrufen gefolgt und mit Martin Eudenbach ins Ahrtal gekommen! „Schaut mal, wer hier ankommt. Hier kommen jede Menge Landwirte, alles super organisiert. Das ist keine Bundeswehr, das ist kein THW, das sind unsere deutschen Landwirte aus dem Westerwald. Schaut euch das an. **Heute werden wir was bewegen. So geht das. Unbürokratisch. Ehrenamtlich.** Schaut euch das an, diese Bilder müssen jeden erreichen! Jeden, der mit unserer Landwirtschaft Schluss machen will hier im Land! Denn dann gibt's das hier nicht mehr. Schaut, wie weit das noch geht, das ist ein Tross aus dem Westerwald für Ahrweiler mit Technik, mit Bagger, mit allem, was die landwirtschaftliche Infrastruktur bieten kann. Vor allen Dingen funktioniert's, da stehen keine rostigen Karren wie bei der Bundeswehr in der Kaserne. Tut mir leid für die harten Worte, die sind aber wahr. Also mindestens 50 Fahrzeuge plus Besatzung. Überlegt mal, wieviel Tausend Liter Diesel da jetzt hier durchgehen, und die werden heute und morgen ihren Dienst hier freiwillig verrichten. Wir werden hier die Hilfsorganisationen unterstützen, die örtlichen, die leider Gottes total überfordert sind und ich sag' euch eins: Überlegt's euch, die deutsche Landwirtschaft abzuschaffen. Hier ist der Beweis: Leistungsstärke, Zusammenhalt, gemeinsam sind wir stark", singt Wilhelm in einem Video von der Bad Neuenahrer Heerstraße ein euphorisches Loblied auf die Landwirte.

„Es ist Wahnsinn, was die Bauern auf die Schnelle so geregelt kriegen", breche auch ich in einem kurzen Video eine Lanze für meinen oft als Sündenbock missbrauchten Berufsstand. „Gestern fühlten wir uns wirklich wie vor so einem riesen Haufen Trümmern, es war echt schwierig, hier durchzukommen überall. Aber mittlerweile sieht es alles gut aus."

„Wir haben jetzt richtig gute Hilfe gekriegt", lautet meine Videobotschaft. Denn auf einmal sind Radlader da, Teleskoplader, Traktoren mit Anhängern voller weiterer Maschinen und Arbeitsgeräte, Pumpfässer, Kehrmaschinen und Pumpwagen. Die Landwirte fangen an, Keller leer zu pumpen und die Straße von unten nach oben aufzuräumen. Einfach unglaublich.

Jetzt geht's wirklich vorwärts hier, denke ich erleichtert und merke, wie der enorme Druck, diese gewaltige Verantwortung, das ohnmächtige Gefühl des Alleingelassenseins, langsam von mir abfallen. Ich mich befreit fühle, aus einer Welt, die über mir eingestürzt war, wohl wissend, dass die Arbeit eines Einzelnen wie mir nur ein Tropfen auf den heißen Stein ist. Ich leiste, was ich leisten kann. Mit Blick ahrauf- und abwärts weiß ich aber, dass das Tausendfache dieser Hilfe nötig ist. Die Traktoren und Helfer, die mit jedem Aufruf kommen, sind ein Anfang. Nun sind wir viele, tragen uns gegenseitig, haben eine reelle Chance gegen das übermächtige Chaos. Nie habe ich an meiner Community gezweifelt, wusste, auf die Landwirte kann ich mich verlassen, dennoch ist der Moment überwältigend für mich. **Es ist Erntezeit, Bauern in ganz Deutschland sind am Limit**, fahren gerade ihr Jahreseinkommen ein, viele kämpfen wegen der aktuellen Agrarpolitik um ihre Existenz. Doch all das ist ob der Katastrophe irrelevant. Die Landwirte lassen ihre Betriebe allein, fahren teils sieben Stunden mit dem Traktor, bringen all die Maschinen mit, die in der Ernte benötigt werden. **Ohne Rücksicht auf eigene Verluste.** Sie haben gemerkt, in welcher Not wir uns befinden und sofort gehandelt, die eigenen Bedürfnisse, eigene Kosten hintangestellt. Und das dürfte nicht wenig sein, versuche ich im Kopf den Dieselverbrauch und Reifenverschleiß einer siebenstündigen Treckerfahrt zu überschlagen. Von den kostenlosen Arbeitsstunden vor Ort und der fehlenden Arbeitskraft auf den heimischen Höfen mal ganz abgesehen. Wieder einmal ziehe ich den Hut vor dieser gigantischen Gemeinschaft, bin umso fassungsloser, wenn Medien wie die Augsburger Allgemeine zu einem Überschwemmungsbild titeln: „Sind die Landwirte schuld am Hochwasser im Wittelsbacher Land?" Nicht nur angesichts der aktuellen Situation habe ich dafür nur einen Einzeiler übrig: „Was für eine bodenlose Unverschämtheit!"

Auch zu Hause halten mir meine Mitarbeiter den Rücken frei. „Markus, du kannst mehr bewirken, wenn du im Ahrtal bleibst." Ich hatte gehofft, diese Worte von Andreas Hövel, meiner rechten Hand, zu hören. Meine Angestellten haben nicht nur auf Flut betroffenen Reitanlagen erste Hilfe geleistet und evakuierte Pferde auf unseren Höfen untergebracht, auch die tagtäglichen Arbeiten, die mit Landwirtschaft und Lohnunternehmen einhergehen, laufen rund. Die Gewissheit, mich hundertprozentig auf mein Team verlassen zu können, erleichtert und entbindet mich von meiner Doppelbelastung, nun kann ich mich komplett auf das Ahrtal fokussieren. Und das erfordert aktuell 150 Prozent meiner körperlichen und mentalen Kapazität.

Inzwischen gehen pro Tag rund 400 Anrufe bei mir ein.

Das Telefon läuft im wahrsten Sinne des Wortes heiß. Neben einigen Verarschanrufern, die aus irgendwelchen nicht nachvollziehbaren Gründen meine Leitung mit absurden und langwierigen Telefonaten so lange wie möglich blockieren wollen, sind es meist Betroffene oder Helfer, die meine Nummer wählen, da sie bei Kreisverwaltung oder Stadt niemanden erreichen. Vielen kann ich leider nicht helfen, anderen gebe ich genaue Instruktionen, wo sie hinfahren sollen („Nimm dir eine Karte und fahr' zur Ahr, dann siehst du schon, wo Hilfe benötigt wird"), was wo gebraucht wird, kommuniziere dabei mit der geringsten Anzahl von Wörtern, die erforderlich ist. Komme dabei unabsichtlich kurz angebunden und unfreundlich rüber. Doch ich bin am Limit und meine Stimme ebenso. Auch Staatssekretäre, Feldjäger, die damalige Landwirtschaftsministerin Julia Klöckner, Gero Hocker von der FDP, bekannte Persönlichkeiten aus Funk und Fernsehen oder Sport, die ich in den meisten Fällen gar nicht kenne, klingeln durch, wollen wissen, wie sie helfen können, haben anscheinend meine Videos gesehen. Eine ebenso kuriose wie surreale Situation. Woher haben die alle meine Nummer? Eben noch ein Landwirt aus Pulheim, plötzlich Entscheidungsträger in der größten Naturkatastrophe in Deutschland nach dem Zweiten Weltkrieg. Erneut eine Situation, die mein Verstand erst einmal verarbeiten muss.
Noch immer denkt ein Teil von mir, dass jede Sekunde die „echten" Entscheidungsträger um die Ecke biegen und das Kommando übernehmen, ich mich als Traktorist in die Arbeiterriege einfügen kann. Doch der andere Teil hat begriffen: Niemand kommt, wir sind auf uns allein gestellt, vergessen worden, obwohl doch bekannt ist, wohin wir als rein unterstützende Arbeitskräfte geschickt wurden. Der Druck, die richtigen Entscheidungen zu treffen, wiegt schwer. Ein Anrufer bietet an, mit 40 Lkw zu kommen. Eine Lkw-Stunde kostet 80 Euro. Wird natürlich kostenfrei angeboten, geht aber zu Lasten des Anbieters. Schnell muss eine Entscheidung gefällt werden, brauchen wir 40 Lkw und wenn ja, wo setzen wir sie am produktivsten ein? Andere bieten Schreitbagger an, mit denen im Hang gearbeitet werden kann und die extra aus Süddeutschland kommen würden. „Ich hab' da null Ahnung von und dann muss ich die Entscheidung treffen", wundere ich mich einmal mehr, wie ich in diese Position gekommen bin.

Wie jeder andere auch bin ich im Machen-Modus, funktioniere nur.

Laden, kippen,
laden, kippen,
Anrufe beantworten,
Entscheidungen treffen,
Aufrufe machen.

Und irgendwie funktioniert's. Nachdem wir uns gestern noch mehr oder weniger allein auf weiter Flur durch das Chaos schlagen mussten, haben die Aufrufe ihr Übriges getan und neben den Westerwälder Traktoristen noch zahlreiche andere Helfer zu uns geführt: Alles Fachleute aus der Forst- oder Landwirtschaft, Gärtner oder Bauunternehmer. Experten, die ihr Handwerk verstehen und sofort ans Werk gehen. Nun haben wir die besten Menschen vor Ort, die man sich nur wünschen kann, alles Fachleute auf ihrem Gebiet, alles Profis, die ihre Maschinen in- und auswendig beherrschen.

Obwohl wir uns nicht kennen, vertrauen wir uns blind, arbeiten Hand in Hand. Wie beim Tanzen, wenn ein Paar perfekt aufeinander abgestimmt ist, statt Worten nur minimale Gesten und Blickkontakt zur Kommunikation nötig sind, der Partner intuitiv den nächsten Schritt erspüren, erahnen kann. Wie in einer nie gemeinsam geprobten, aber reibungslos ineinander übergehenden Choreographie wissen wir instinktiv, wie wir uns positionieren, wo wir stehenbleiben müssen, wo verladen wird, wo es weitergeht im perfekten Arbeitsablauf.

Ein lebenslang geübtes Zusammenspiel mit solchen Maschinen hat uns auf Momente wie diesen vorbereitet.

Doch was wären wir ohne unseren „Regisseur", unseren Disponenten, der das große Ganze im Blick hat, uns leitet, führt und das Uhrwerk am Laufen hält. „Dispo Dom" sollte in den nächsten Wochen und Monaten mit wenig Schlaf und wenig Stimme, aber viel Überblick und Organisationstalent die Hilfseinsätze in Walporzheim choreografieren.

Inzwischen haben wir uns zur Ecke Josefstraße/Ahruferstraße vorgearbeitet. Die Luft wiegt schwer, es ist immer noch diesig und bewölkt, ein feiner Dunst liegt über dem Tal, vermischt mit dem penetranten Geruchsmix, den wir seit unserer Ankunft nicht mehr aus Nase und Kleidung bekommen. Die unheimliche Stille, die sich immer noch gespenstisch durchs Tal zieht, wird nur vom rhythmischen Tuckern der schweren Maschinen und dem Kreischen der Kettensägen unterbrochen.

„Einblicke in ein privates Leben, nun öffentlich zur Schau gestellt, geben der Katastrophe ein persönliches Gesicht.

Was müssen da für physikalische Kräfte gewirkt haben?, frage ich mich immer wieder fassungslos.

Nachdem ich gestern in einem Video mit Wilhelm kurz das Ahrufer erkundet habe, nutze ich heute die Erdmuldenfüllpausen, um mich ein wenig mehr umzusehen, hoffe, noch das eine oder andere Puzzlestück zu finden. Ich kenne das Ahrtal zwar von früheren Motorradausflügen oder vom Heuholen, doch diese Ecke ist mir nicht bekannt.

Ein kurzer Blick auf Google Maps zeigt mir, wie es hier eigentlich aussehen sollte. Noch vor zwei Tagen spannte sich die Josefsbrücke unweit des Backhauses majestätisch über die von üppigem Grün eingefasste Ahr, führte zu einem kleinen Parkplatz für Besucher, die das idyllische Tal und seine dichten Wälder per pedes oder mit dem Fahrrad erkunden wollen. Nun liegen Mauern- und Brückenteile wie zersprengt auf der Straße, das Backhaus ist nur noch eine Ruine, die Teigmaschine steht verloren inmitten der Trümmer.

In der kleinen Kanalunterführung vor der Brücke steckt ein zerquetschtes Auto, keiner weiß, sind noch Menschen drin oder nicht. Hoch aufgetürmter Müll und Schlamm machen es uns erst mal unmöglich, zu dem Fahrzeug zu gelangen. Mit Hochdruck arbeiten sich die Fachleute durch die Trümmer, zerlegen dabei unter anderem massive Stämme, die die Flut in Häuser, Vorgärten, Bürgersteige und Straßen oder eben Kanäle gedrängt hat, räumen frei und schaffen Zuwege. Immer in der Hoffnung, vielleicht noch verletzte oder eingeschlossene Menschen retten zu können. Schließlich liegt die Zahl der Vermissten noch bei weit über 1000.

„Ich will euch nur mal zeigen, wie's hier aussieht", beginne ich um 10 Uhr ein Video und nehme meine Follower mit durch die Ahruferstraße, fahre vorbei an mit Schlamm verstopften Häusern, in die noch immer niemand reinkommt und keiner weiß, ob sich noch Bewohner darin befinden. Die deutlich sichtbare Wassermarke zwischen erstem und zweitem Stock indiziert den kaum vorstellbaren Höchststand der bis zu neun Meter hohen Flutwelle.

Im schlammigen Ödland verteilt finden sich Gartenzäune, Weinfässer, Reifen, Wellblechdächer, Flaschen, Styroporplatten, leere Getränkekisten, Blumentöpfe, abgebrochene Dachrinnen, umgerissene Verkehrsschilder, im Schlamm halb versunkene Gartenmöbel und eine Kühltruhe mit Ketchup, Bier und Wasser – Einblicke in ein privates Leben, nun öffentlich zur Schau gestellt, geben der Katastrophe ein persönliches Gesicht.
Noch vor zwei Tagen zierten die Beweise einer gelebten Existenz gepflegte Vorgärten, Terrassen, schicke Häuser. Nun liegen sie verschlammt im Straßengraben, zeugen als kümmerliche Überreste von einem einst geregelten Leben.

Aus den Fenstern quellen Möbel, massive Metallstücke sind wie Alufolie um Laternenpfähle gewickelt, Autos schlingen sich um Pfosten.

Was müssen da für physikalische Kräfte gewirkt haben?, frage ich mich immer wieder fassungslos. Solche Bilder sind die Hölle für einen rationellen Menschen wie mich, der versucht, im Kopf die dazugehörige mathematische Gleichung zu lösen. Und all dies soll der unscheinbare Fluss dort drüben verursacht, solch gewaltigen Kräfte aufgebracht haben, die man sonst nur mit großen Maschinen freisetzen kann? Die Vorstellung ist immer noch unfassbar für mich, jedoch die neue Realität. Wieder macht es langsam Klick. Ein weiteres Puzzleteil fügt sich ins Gesamtbild.

Am Sportlerheim am Ende der Ahruferstraße sieht es besonders schlimm aus: meterhohe Anschwemmungen, umgekippte Glascontainer, abgeknickte Lichtmasten. Nur Reste des Rasenplatzes lassen erahnen, wo sich der Sportplatz befunden haben muss. Vom benachbarten Kinderspielplatz schaut lediglich noch die Spitze der Schaukel heraus. Die Senke am Hang ist kaum zu erkennen. Ein Kameramann, der dort ein paar Tage später filmend unterwegs ist, wäre fast weg gewesen.

„Ich
will euch
nur mal
zeigen,
wie’s
hier
aussieht.

Mich umschauend, fällt es mir immer noch schwer, die Verbindung zwischen Ist- und Sollzustand herzustellen, zu verstehen, wie es hier einmal aussah, Zusammenhänge zu erkennen. Der Bagger, der hier unten meine Erdmulde lädt, ist relativ klein, braucht länger als die großen Maschinen. Ich nutze die extra Zeit, um mal Luft zu holen, mal ein paar Minuten für mich zu sein und erkunde das Ahrufer.

Wieder geht mein Kopf angesichts der surrealen Eindrücke in den Stummfilm-Modus.

Der einst begrünte und von Bäumen gesäumte Uferbereich, eine über Jahrzehnte und Jahrhunderte gewachsene Idylle, wurde innerhalb weniger Stunden von einer brachialen Gewalt, die Millionen Tonnen Gestein und Sedimente von ihrem Ursprungsort wegspülte, die Ahr aus ihrem Flussbett hob und in andere Bahnen zwang, in eine lebensfeindliche Steinwüste verwandelt. Allein die Überlegung, wie viele Millionen Kubikmeter durch die reine Kraft des Wassers in dieser einen Nacht bewegt wurden, übersteigt mein Fassungsvermögen.

Die postapokalyptische Szenerie mutet an wie ein fremder Planet, wie eine Mondlandschaft, ich fühle mich wie der erste Mensch, der bislang unentdeckten Boden betritt.

Wie in Zeitlupe setze ich Fuß vor Fuß, fühle mich wie in Watte gepackt, verzweifelt auf der Suche nach bekannten Parametern meiner vertrauten Realität.

Doch die surrealen Eindrücke sind eindeutig in der Überzahl. Meine Augen, von einer natürlichen Neugier darauf trainiert, immer rege zu sein und Sachen zu entdecken, sind hier komplett überfordert, müssen sich nicht anstrengen, Dinge zu sichten, werden von ungewöhnlichen Eindrücken geradezu erschlagen.

Mein Blick wandert weiter zur Abrisskante, die sich wie eine klaffende Wunde durch den Felsen zieht. Unter normalen Bedingungen kann man an den nun offen dargestellten Erdschichten mit humosem Oberboden, Fels et cetera die Bodenhorizonte genau ablesen. Doch auch hier gelten nicht die sonst üblichen Konstanten. Da muss ja noch ein Weg gewesen sein, hat wahrscheinlich zum Naturhof ahraufwärts geführt, wird mir anhand der deutlich sichtbaren Asphaltteile bewusst. Wieder ein Beweis der unbegreiflichen Kräfte, die hier gewirkt haben müssen. Wie kann eine Asphaltdecke mitgerissen werden? Sollte das Wasser da nicht einfach drüberfließen? Der Anblick der Bahnschienen erleichtert meine kognitive Wahrnehmung nicht wirklich: teils in der Luft suspendiert, teils Hunderte Meter weiter verrückt und verbogen,

teils unter tonnenschwerem Gehölz begraben. Mehrere Hangrutsche mit fallenden Bäumen, die ich in einem kurzen Video festhalte, zeigen, dass die massiven Kräfte, die dies verursachten, noch immer nachwirken, die Naturgewalten weiter am Arbeiten sind. Entkräften damit Behauptungen, dass mit Bäumen bepflanzte Bereiche im Gegensatz zu intensiv genutzten Flächen auch ab einer gewissen Sättigung noch Wasser aufnehmen können. Die Flutwelle straft sie Lügen. DIESE Wassermassen konnte nichts aufnehmen. Die auf Video verewigten kollabierenden Hänge sind der greifbare Beweis.

Flussabwärts entdecke ich ein Auto, das halb aus den angespülten Sedimenten herausschaut, weiter hinten ein rotes Fahrzeug, aus dessen Motorraum und Windschutzscheibe wüstes Gestrüpp und Müll herausquellen. Ist das jetzt meine Aufgabe nachzuschauen, ob da noch Menschen drinsitzen?, frage ich mich. Dass in diesen Fahrzeugen niemand mehr sitzen kann, den wir noch retten können, steht für mich außer Frage. Schon von weitem ist erkenntlich, dass hier jede Hilfe zu spät kommt. Aber vielleicht finden wir einen Arm, oder ein Bein, können zumindest die entsprechenden Spezialeinheiten informieren, die sich dann der Bergung annehmen können, denke ich und suche nach einem Hinweis, ob das Fahrzeug bereits von jemandem überprüft wurde. Angesichts der beispiellosen Großschadenslage scheinen die üblichen

Arbeitsabläufe außer Kraft gesetzt. Unter normalen Umständen würden Traktoristen, Forst- oder Bauarbeiter erst nach einer sorgfältigen Prüfung auf Gefahrengut, aber auch auf menschliche Überreste, zum Einsatz kommen. Doch wir haben noch keinen dieser Experten hier gesehen, auch nicht die Menschen, die uns sonst das Leben so schwer machen, Statiker oder solche, die immer alles bis aufs Letzte ausrechnen. **„Ich seh' hier keinen einzigen, der uns sagen kann, ob das hier alles sicher ist, was wir machen"**, mache ich meinem Ärger im Video Luft. Wir sind komplett auf uns allein gestellt, Bildern ausgeliefert, auf die wir psychisch nicht vorbereitet sind, mentalen Belastungen ausgesetzt, für die wir weder ausgebildet noch geschult sind.

So wie Heiko, selbstständiger Abschleppunternehmer. Es ist 13.30 Uhr an einem Dienstag, sechs Wochen nach der Flut, als sich sein Leben für immer verändert. 6238 Autos hat Heiko geborgen, Hunderte pro Tag. Aus Anschwemmungen, Böschungen, Hecken, Vorgärten, Uferbereichen. Komplett verbogene und verbeulte Fahrzeuge, denen man die brachialen Urkräfte, denen sie ausgesetzt waren, ansieht. Autos mit abgesoffenem Motor, die kaum eine Schramme abbekommen haben. Alles ist dabei, alles landet an seinem Hakenlift.

Wie auch an diesem Mittag. Aus Richtung Schuld kommend stapelt sich kurz vor Kreuzberg am rechten Fahrbahnrand Schwemmgut,

"Schon von weitem ist erkenntlich, dass hier jede Hilfe zu spät kommt.

mittendrin drei Campingwagen und zwei Autos. Unter einem Caravan wird ein weiteres Fahrzeug in den dichten Anschwemmungen sichtbar. Es liegt an einem Baum, auf dem Kopf, nur die Reifen und das linke Heck schauen heraus. Mit dem Bagger ist das Fahrzeug nicht zu bewegen. Heiko wirft den Abschleppwagen an, befestigt ein Seil an der Achse, kann das Auto aus Gehölz und Gestrüpp befreien und wieder auf die Reifen kippen. Sein Blick fällt routinemäßig ins Innere des Autos, entdeckt zwei Kindersitze. Beim genaueren Hinschauen wird klar, die Sitze sind nicht leer... Ein Bein, eine blau-weiß gestreifte Jacke... noch heute sind diese Details frisch wie an jenem schicksalshaften Tag, sind unauslöschlich in sein Gehirn eingebrannt.

„Ich glaub', da ist noch jemand drin", informiert Heiko den Baggerfahrer. Auch zwei Feuerwehrleute sind im Aufräumtrupp, bestätigen Heikos Verdacht: Zwei Kinder, geschätzte vier, fünf Jahre alt. Sie haben die mörderischen Fluten nicht überlebt. 15 Minuten später sind Seelsorger da, nehmen Heiko mit ins nächste Versorgungszelt. Ein paar Stunden später tritt er die Heimreise an, muss seinen Einsatz im Ahrtal beenden, zu einschneidend die Bilder, die ihn drei Nächte nicht schlafen lassen und ihn auch in den nächsten Tagen, Wochen und Monaten immer wieder im Traum verfolgen sollten. Als langjähriger Abschleppunternehmer sind Unfallautos sein täglich Brot, Leichenfunde nichts Ungewöhnliches. Doch dieser Fund ist anders, hat ihn unvorbereitet getroffen. „Wenn du zu einem Unfall gerufen wirst, weißt du, was dich erwartet. Weißt genau, ob noch jemand im Fahrzeug ist oder nicht. Hier nicht. Allerdings sind wir davon ausgegangen, dass alles bereits mit Hundestaffeln abgesucht wurde."

Zehn Monate, eine Reha und unzählige Therapiestunden später ist Heiko noch immer gezeichnet von den Ereignissen. Sein Leben wird nie wieder so sein wie vor jenem Dienstagmittag um 13.30 Uhr. Trotzdem hat er seinen Einsatz im Ahrtal nie bereut:

„Ich würd' es wieder machen."

Inständig betend, dass sich niemand mehr in den gestrandeten Fahrzeugen befindet, ich keine Leichen oder zermalmten Körperteile finde, nähere ich mich vorsichtig. Spannungsgeladene Ungewissheit wie bei einer Bombenentschärfung: Grünes oder rotes Kabel? Der taubenblaue Van ist bis oben hin mit Steinen, Sand und Geäst gefüllt, von eingeklemmten Menschen zum Glück keine Spur. Angesichts der Masse an Geröll, unter der sich so ziemlich alles hätte verstecken können, kann ich allerdings keinen Eid darauf schwören. Dass hier das Unmögliche möglich ist, habe ich inzwischen kapiert. Natürlich wurden wir gewarnt, dass wir Leichen finden würden, haben gestern auch schon Verstorbene geborgen. „Aber dass hier die ganze Zeit einer dabei ist, der wirklich vom Fach ist, ist eben nicht so, wir sind komplett alleine", prangere ich die fehlende seelsorgerische Unterstützung an.

In den nächsten Tagen werden wir immer wieder mit Körperteilen konfrontiert, die wir in unseren Maschinen finden. Arme, Oberschenkel, die in den Ketten der Bagger steckenbleiben... Grausige Funde, die keiner machen möchte, auf die wir trotz realistischer Einschätzung der Lage nicht vorbereitet sind. Selbst einen Monat später berichtet eine Krankenschwester, die als Sanitäterin durch die Orte zieht, noch von all den sterblichen Überresten, die sie entdeckt und fein säuberlich in Plastiktüten verpackt an die Behörden übergibt.
Wir haben keine Ahnung, was sich noch alles in den teils meterhohen Trümmerbergen und dem Schutt verbirgt, den wir Tag für Tag abtransportieren, oder unter dem zentimeterhohen Schlamm, auf dem wir fahren und gehen. Lediglich der süßliche Verwesungsgeruch dient als morbides Indiz, dass neben den Sonntagsbraten, die aus stromlosen Kühlschränken und -truhen angeschwemmt wurden, auch Teile von Mensch und Tier auf einer Deponie ihre letzte Ruhestätte finden. Ein entsetzlicher Gedanke für die Angehörigen, entwürdigend für die Verstorbenen. Auch die Seuchengefahr ist durch die Kombination verwesender Kadaver und zerstörter Kläranlagen nicht zu unterschätzen, schnelles Handeln oberste Priorität, um die Katastrophe nicht um eine weitere zu ergänzen.

Mücken sind ein weiteres Thema. Eine Ärztin, die ich am Walporzheimer Versorgungszelt interviewe, kann aus eigener Erfahrung ein Lied davon singen, muss einen entzündeten Stich mit Antibiotika bekämpfen. „Viele Mücken tragen Bakterien in sich und durch den Stich können diese Bakterien in die Haut gehen und zu 'ner Infektion führen." Ihr Tipp: Neben Sonnenschutz auch regelmäßig großflächig Mückenschutz auftragen, eventuelle Stiche gründlich desinfizieren und „frühzeitig bei Anzeichen von Rötungen, die sich ausbreiten, dann in ärztliche Behandlung begeben".

Die gute Nachricht: Es sind wohl 15.000 Flaschen Mückenschutz bei der Bundeswehr vor Ort. Die schlechte: Wo genau weiß leider keiner, da die Kommunikation auch vier Wochen später in manchen Aspekten so suboptimal ist wie an Tag 1. Doch unsere Recherchearbeit läuft, außerdem sind weitere Lieferungen Mückenspray aufgrund meines Aufrufs unterwegs, sollen an den Zelten zur freien Benutzung für alle verteilt werden: „Achtet auf euch, ihr seid die Wichtigsten hier."

Um vielleicht noch Menschen retten zu können, fokussieren wir uns mit Hochdruck darauf, alle Zufahrtswege frei zu räumen, um Zugang zu den Häusern zu schaffen. Arbeitszeiten von 16, 24 oder auch mal 32 Stunden am Stück sind gerade in den ersten Tagen keine Seltenheit.

Vom Adrenalin lassen wir uns an unsere körperlichen und mentalen Grenzen pushen.

Doch dank der vielen zusätzliche Helfer machen wir kontinuierlich Fortschritte. „Viele Hände, schnelles Ende“, fällt mir ein Spruch meiner Oma dazu ein. Von schnellem Ende kann zwar auch jetzt, zwölf Monate später, noch keine Rede sein. Doch „mit vereinten Kräften klappt das hier wirklich gut“, richte ich ein riesen Dankeschön an die Community.

Ich freue mich über jeden Helfer, der uns unterstützt, fühle aber auch eine Verantwortung denen gegenüber, die wegen meiner Aufrufe zum Helfen gekommen sind. Immer wieder höre ich auch später noch „Wegen dir bin ich hier“, sei es in Eimerketten oder beim Helfer-Shuttle. Erst im Nachhinein realisiere ich, wie extrem meine Reichweite seit meinem Einsatz im Ahrtal gestiegen ist, wie viele Menschen ich erreiche, wie viele Wippi TV einschalten und daraufhin zu Helfern werden. Sie sollten später die Inspiration für die bekannten Matsch-Shirts mit Aufdrucken wie „Zusammenheld“, „Eimerkette“ oder „Aufbauer“ sein und zur Stoff gewordenen Erinnerung an diesen unvergleichlichen Sommer 2021 werden. Nicht auszudenken, wenn diesen Menschen, die Job und Familie im Stich gelassen, sich extra Urlaub oder frei genommen haben, um zu helfen, etwas passieren würde, nie könnte ich mir das verzeihen. Und tatsächlich nenne ich es

„das kleine Wunder des Ahrtals“,

dass sich keine größeren Unfälle ereignen angesichts der lebensgefährlichen Arbeiten, die wir mangels Experten selbst erledigen müssen. In einem Deutschland, in dem es für alles Vorgaben und Richtlinien zu geben scheint, in dem Gefahrengutentschärfungen minutiös geregelt sind, werden wir mit fehlenden Kanaldeckeln, ausgelaufenen Chemikalien, Gasflaschen und Leichen komplett allein gelassen, begeben uns jeden Tag, jede Sekunde in akute Lebensgefahr, wissen nicht, ob Straßen, die noch vor 24 Stunden Millionen von Kubikmetern Wasser über sich ergehen lassen mussten, unterspült sind und das Gewicht unserer schweren Maschinen aushalten. Können nur beten, dass sich beim Entzerren der meterhohen Anschwemmungen keine beschädigten Gas-Tanks entzünden, und inständig hoffen, nicht die sterblichen Überreste derer zu finden, die die mörderischen Wassermassen nicht überlebt haben. Wir brauchen Seelsorger und Sanitäter, Toiletten und Duschen – eine Grundversorgung. Das Mindeste, was man vom Staat erwarten kann, wenn man sich wie wir den Arsch aufreißt und sein Leben aufs Spiel setzt. THW, DRK, DLRG und wie sie alle heißen – zuhauf habe ich die Mitglieder der Blaulichtfamilie auf meinem Weg nach Walporzheim gesehen, doch zu uns scheinen sie es nicht geschafft zu haben. Später sollten Geschichten von voll einsatzfähigen Einheiten, die mangels Einsatzbefehl tagelang zur

Tatenlosigkeit verdammt waren, und Einsatzkräften, die nach solch frustrierenden Erlebnissen abends in Zivilkleidung tatkräftig mit anpackten, die Runde machen.

Ein Schlag ins Gesicht der Betroffenen und ein Armutszeugnis für die verantwortlichen Entscheidungsträger.

In der Retrospektive scheinen manche Politiker und Offizielle das gnadenlose Versagen der ersten Tage und Wochen gerne zu vergessen, diskreditieren jeden, der teils geradezu groteske Fehlentscheidungen der Blaulicht-Obrigkeiten offen kritisiert, schmälern dabei die unbezahlbare und unersetzbare Hilfe, die jene Helfer der ersten Stunden für die Menschen im Ahrtal geleistet haben.

Auch Landwirt Christian Lohmeyer, mit dem ich seit Tag 1 in ständigem Kontakt bin, findet in einem Video, das ich auf meiner Seite poste, klare Worte, spart nicht mit Kritik, ist sichtlich aufgewühlt und aufgebracht: „Mich hat vorhin ein komplett aufgelöster Markus Wipperfürth angerufen und fassungslos über die Situation vor Ort in Ahrweiler berichtet. Es ist dort so, dass zurzeit circa 50 Bauern dort versuchen, diesen kriegsähnlichen Zustand, den man dort vorfindet, irgendwie in den Griff zu kriegen. Diese Bauern werden dabei unterstützt – von niemandem. Es gibt dort keine Feuerwehr, es gibt dort kein THW, kein Militär und nicht einmal einen offiziellen Ansprechpartner. Die Bauern bringen sich dort gerade in Lebensgefahr. Dort sind Brücken nicht mehr statisch einwandfrei, Straßen unterspült, Häuser drohen einzustürzen, und von Strom und Gas gehen große Gefahren aus."

Im Angesicht einer der größten neuzeitlichen Naturkatastrophen, deren frühzeitige Ankündigung von Politik und Medien ignoriert wurde und die nun im Klimawandel einen Schuldigen suchen, platzt dem Landwirt der Kragen: „Was hat der Klimawandel damit zu tun, dass seit drei Tagen eine Katastrophe bekanntermaßen auf diese Region zurollt und keiner warnt und keiner reagiert? Seit drei Tagen sagen die Meteorologen reihenweise, fast übereinstimmend, katastrophale Regenmengen voraus. Wir Bauern haben uns seit fünf Tagen gefragt, warum man dort nicht die Campingplätze räumt und aktiv wird. Die Menschen dort sind nicht gewarnt worden, es gab dort keine Sirenen, es gab dort keine Warnungen, gar nichts."
Schon seit dem 6. Juli hat Christian Lohmeyer auf seiner Seite Prognosen über Niederschlagsmengen von 200 bis 300 Liter pro Quadratmeter gepostet, gewarnt, und am 11. Juli zum aktiven Hochwasserschutz mit Sandsäcken, zum Umparken von Autos und Räumen von Kellern und Campingplätzen aufgerufen. „Das wird – ohne zu übertreiben –

ein gefühlter Weltuntergang sein! Und gefährlich ist das Ganze noch dazu!" – so die unmissverständlichen Worte des Meteorologen Kai Zorn, dessen Warnvideo Lohmeyer am 13. Juli teilt und anklagt: „Es ist mir immer noch viel, viel zu ruhig bezüglich der dramatischen Unwetterlage gerade in Teilen Westdeutschlands! Viel zu wenige nehmen das, was da kommt ernst, sondern denken, dass es schon gutgehen wird."

„Diese Regensummen sind flächendeckend !!! Das hat nichts mit regionalen Starkregenereignissen zu tun!"

Sein Fazit: Die Prognosen waren vorhanden, Menschen und Tiere hätten gerettet, viele Schäden verhindert werden können. Auch ob der omnipräsenten Kritik, die zum Berufsalltag der Bauern gehört, macht Lohmeyer seinem Ärger Luft: „Wir Bauern, wir machen immer alles falsch, wir bringen mit unserem Handeln ständig die Menschen um. Aber wenn die was falsch machen, wenn die versagen im Grund, eine der größten Unwetterkatastrophen, die drei Tage lang so angekündigt ist, übersehen, dann ist da irgendwas anderes schuld. Der Klimawandel oder die Urlaubszeit oder irgendwas anderes." Er schlussfolgert: „Es haben so viele Institutionen, Behörden und ähnliches komplett versagt, über Tage hinweg geschlafen, und dafür sind jetzt Menschen gestorben. Und jetzt kommen die Helfer und sind auf sich alleine gestellt, weil immer noch keiner den Arsch in der Hose hat, das vernünftig zu koordinieren. **Ich habe einen Markus Wipperfürth so noch nie erlebt.** Und dass man diese Menschen in dieser Hilfslosigkeit alleine lässt, und ihnen nicht auch sofort jegliche Unterstützung dort zusagt, das ist ein weiterer Skandal, ein weiteres Versagen derer, die uns ständig erklären, wie es eigentlich geht und wie man's richtig macht, aber selber nicht einmal die Grundzüge eines anständigen Umsetzens ihrer Verantwortung draufhaben."

Ich kann dem Kollegen nur zustimmen, auch für mich ist der Modus Operandi der Offiziellen, der sich in konsequenter Passivität ausdrückt, nicht nachvollziehbar. Wenn sich deutschlandweit Landwirte aufgrund deutlicher meteorologischer Voraussagen auf ein Starkregenereignis vorbereiten können, wieso ist dies auf staatlicher Ebene nicht möglich? Wie kann ein Staatsapparat schon bei der grundlegendsten Versorgung der freiwilligen Hilfskräfte, die seiner statt in die Bresche springen, versagen, nicht einmal in der Lage sein, Toiletten, Duschen oder Diesel zur Verfügung zu stellen? Die vage Hoffnung bleibt, dass all dies in einem Untersuchungsausschuss beleuchtet und analysiert wird – um solch flächendeckendes Versagen bei der nächsten Katastrophe zu verhindern und Menschenleben zu retten.

„Ich weiß nicht, wann wir wieder Wasser bekommen, wann wir wieder Strom bekommen. Gestern hat es geheißen, das THW sollte kommen und Leitungen legen, ich habe heute noch keinen blauen Wagen gesehen. Gestern jede Menge Blaulicht, auch Feuerwehrzüge ohne Ende. Die kamen, die standen, und dann fuhren sie wieder. Heute ist Feuerwehr gar nicht vertreten, ich habe heute noch keinen gesehen.“ Schlammverschmiert steht Markus Kelter vor seinem Elternhaus in der Walporzheimer Straße, in der Hand eine mit Dreck überzogene Flasche Limonade.
Wieder nutze ich eine Erdmuldenfüllpause für Erkundungsgänge und Gespräche mit Betroffenen. Kelter bestätigt meinen Eindruck fehlender staatlicher Unterstützung. „Ich hab‘ hier auch noch keinen Offiziellen gesehen, ich weiß nicht, wie es organisiert ist, wer es macht. Ich sehe Leute privat hier schaffen, ich hab' selber 'ne Truppe von mittlerweile zehn Mann am Laufen.“ 1,70 Meter hoch stand das Wasser im Erdgeschoss. Mit zwei Friedhofskerzen und drei Teelichtern flüchtet Kelter in die erste Etage, wird erst am nächsten Morgen von der Polizei evakuiert. „Die kamen hier an mit der Meldung, sie sollten hier ein bisschen Hochwasser regeln. Die standen selber hier völlig fassungslos, weil die gedacht haben, die sind hier im Kriegsgebiet. Hier waren zwei bis drei Meter Schuttberge, eine Gemengelage aus Holz, Metall, Brückenbauteilen, Steine. Unfassbar, unfassbar.“

Immer noch fassungslos steht er kopfschüttelnd gegenüber der Kapelle, wo sich gestern noch zwei bis drei Meter hohe Anschwemmungen türmten. Äußerlich gefasst, lässt er die Nacht Revue passieren, kann schließlich seine Emotionen kaum noch zurückhalten: „Es hat gerauscht, das Wasser, die Trümmer haben gepoltert, gerumpelt, die Möbel sind umgefallen, es hat gequietscht. Hollywood macht so die besten Filme, wenn die Titanic untergeht oder ein U-Boot sinkt. So stell‘ ich mir das vor, so eine Geräuschkulisse war das. Unglaublich, wirklich unfassbar, Angst einflößend. Braucht kein Mensch. **Ich hoffe, dass ich das niemals mehr erleben muss**, man sieht ja hier, was hier für eine Gewalt war. Also diese Geräusche, diese Szenen, ich glaube, die bleiben lange. Es sind hier Menschen gestorben, auch hier im Ort, absolut dramatisch. **Ich hab‘ hier Leute schreien hören, das geht durch Mark und Bein, da läuft's mir jetzt noch kalt den Rücken runter, unglaublich.**“
Die Worte treffen mich direkt ins Herz, berühren mich tief. Noch immer kann ich mir trotz detaillierter Schilderungen nicht annähernd vorstellen, was die Menschen in dieser Nacht erleben mussten. Aber auch ich bin mir sicher, die Szenen, die bleiben noch lange im Gedächtnis der Menschen.

Kelter erinnert sich an das letzte „Jahrhunderthochwasser" 2016. Gewaltig sei es schon gewesen, doch bis hier „oben" ins Dorf habe es das Wasser nicht geschafft, „da waren wir hier ganz weit von weg". Auch jetzt, bei einem prognostizierten Pegel zwei Meter über dem Höchststand von 2016, habe niemand ernsthaft damit gerechnet, dass die Ahr so großflächig über ihre Ufer trete und eine zwei bis drei Meter hohe Flutwelle von der „Bunten Kuh" über die Bundesstraße rauschend den idyllischen Weinort unter sich begräbt. Kelter schaut sich um, blickt auf sein durchflutetes Elternhaus, die allgegenwärtigen Müllberge mit angeschwemmtem Flutgut. Bilder einer solchen Zerstörung kenne man allenthalben aus Fernsehreportagen über Indonesien, Thailand, den Fukushima-Tsunami, keinesfalls jedoch live mitten aus Deutschland, mitten aus dem beschaulichen Ahrtal. „Völlig unfassbar, da fehlen einem die Worte."

Eine Warnung habe es trotz mannigfaltiger meteorologischer Prognosen nicht gegeben. „Es ging die Sirene, aber die ging auch schon vorher am Tag. Ist jetzt ein Autobahnunfall passiert oder hat es irgendwo gebrannt oder müssen die Leute hoch? Also ich hatte keine Informationen. Die Sirene kam und gleichzeitig kurz darauf kam's Wasser, dann ging's nur noch irgendwo nach oben und hoffen, dass es dann nicht noch steigt, dass man bis aufs Dach hoch musste", erinnert sich Kelter im Video an die schicksalshafte Nacht. Monate später sollte er seine Aussage berichtigen, hat die Ereignisse der Nacht noch einmal Revue passieren lassen, ist sich sicher, schon in den ersten Stock seines Hauses geflüchtet zu sein, als die Sirene endlich ging.

„Das Wasser war schon da und floss durch die Straßen. Die Sirene war viel zu spät, da war das Wasser schon längst da."

Mit seiner Familie betreibt er ein kleines Gästehaus, bekommt täglich mehr und mehr Nachrichten von Gästen, die im Fernsehen die schlimmen Bilder der Katastrophe sehen und sehnsüchtig auf ein Lebenszeichen von ihm hoffen. „Bist du noch unter den Lebenden, bist du unter den Opfern? **Gib' bitte ein Zeichen, sag' nur, dass du da bist. Wir machen uns Sorgen.**" Doch Nachrichten, WhatsApp gehen nicht raus, das Internet ist eine Katastrophe. „Ich versteh' das auch nicht. Warum wird hier kein Mast aufgestellt? Ich kann nichts organisieren am Telefon", kann ich ihm in seiner Frustration nur beipflichten. Kein Wunder, dass es noch 1300 Vermisste gibt. Ganze Ortschaften sind von der Außenwelt abgeschnitten. Die Menschen haben keine Möglichkeit zu kommunizieren, sich bemerkbar zu machen, ihren Verwandten, Freunden mitzuteilen, dass sie noch leben.

Auf die 50 Millionen Euro Soforthilfe angesprochen, zuckt Kelter nur mit den Schultern, glaubt nicht, dass das Geld allein für die Schäden in Walporzheim reichen würde. „Hier steht ja keine Brücke mehr. Ich glaub' eine Brücke haben wir noch im ganzen Stadtgebiet. Hier ist die Eisenbahnbrücke weggeschwemmt worden, die Fußgängerbrücke, die St. Josefbrücke, da steht nur noch 'ne halbe Brücke..." Die infrastrukturelle Versorgungssituation fasst er in einem Satz zusammen:

„Wir haben kein Wasser, keinen Strom, unsere Notdurft verrichten wir in Eimer, hier ist wirklich Apokalypse Epizentrum."

Dem ist nichts mehr hinzuzufügen, denke ich und verabschiede mich. **„Vielen Dank fürs Helfen"**, ruft Kelter mir nach. „Selbstverständlich. Ich räum nur auf oder helf' zumindest mit dem, was ich machen kann, und das ist hier die Karre bedienen", entgegne ich, als ich demütig und nachdenklich zu meinem Trecker und Erdmulde zurückkehre. Noch immer kreisen konstant Hubschrauber über uns. „Ich weiß nicht, ob das alles so produktiv ist. Da oben sitzen ja noch je nachdem die 300 Liter Wasser pro Quadratmeter", denke ich, bin aber auch kein Fachmann. Doch jene glänzen ja immer noch durch Abwesenheit.

Ich kann mich noch gut an einen Vorfall vor einigen Jahren erinnern, als ich Stroh für eine Bombenentschärfung am Unicenter in Köln liefern sollte. Mit einer Eskorte wurde ich damals mit meinem Lkw von zu Hause abgeholt, die linke Spur der Zufahrtsstraßen nur für uns, ganz Köln war dicht, damit der Wipperfürth mit dem Stroh zum Unicenter konnte. Akribisch war jeder Schritt der Gefahrenentschärfung geplant, um maximale Sicherheit zu gewähren. Währenddessen setzen sich hier in Walporzheim Zivilisten Gefahren aus, die keiner einschätzen kann. Baggerfahrer, aus deren Schaufeln unvermittelt Arme oder Beine hängen, fahren nach ihrem selbstlosen Einsatz nach Hause, seelisch und körperlich am Ende, allein gelassen mit den Kollateralschäden.

Wo sind die Fachleute, die vor den Aufräumarbeiten mit Messgeräten eventuelle Gasausströmungen abklären?
Wo sind die Experten?
Wo ist die staatliche Hilfe, die im Katastrophenfall aktiviert werden sollte?
Wo sind die Hundestaffeln?

Es muss doch gewisse, vorab festgelegte Protokolle geben, die in einem solchen Fall in Kraft treten.

Es ist erschreckend, live mitverfolgen zu müssen, wie katastrophal das Land für den Katastrophenfall vorbereitet ist.

Erst später hören wir, dass im Ahrtal angeblich schon lange nicht mehr der Ernstfall geübt worden sei. Aus dem sogenannten Jahrhunderthochwasser in 2016 hat man offensichtlich nichts gelernt und sich zu sehr am rheinischen „et hätt noch immer jot jejange" orientiert. Nur dass es dieses Mal halt nicht gut ging... Kein Wunder, dass sich bei mir langsam der Groll breitmacht, ich meinem Ärger und meiner Frustration in immer mehr Videos Luft mache. „Wortrutsche" haben meine Freunde das immer genannt, wenn sich meine Gedanken ohne Filter verbalisierten. In manchen Situationen waren die Worte schneller raus, als es mir rückblickend lieb war, hätte ich vielleicht lieber noch einmal drüber nachgedacht. Doch heute wie damals kann ich bezüglich meiner Kommentare zur Situation im Ahrtal guten Gewissens sagen: Ich stehe zu jedem Wort, das ich gesagt habe.

Diese Authentizität, dieses unverfälschte Bild der Realität, das meine Live-Videos transportieren, lässt immer mehr Menschen Wippi TV einschalten, um sich aus erster Hand über die tatsächliche Situation im Ahrtal zu informieren und dabei auch immer öfter teils eklatante Diskrepanzen im Vergleich zur Mainstream-Berichterstattung zu entdecken. Das verschafft mir nicht nur Freunde. Doch an meiner Intention hat sich seit Stunde 1 nichts geändert: **Ich bin zum Helfen gekommen.** Und wenn ich mit meiner ungeschönten Berichterstattung dringend benötigte Hilfe ins Katastrophengebiet bringen kann, ist dies mein Mittel der Wahl. Ich habe es nicht auf Klicks und Likes abgesehen, doch meine Follower-Zahlen explodieren, steigen aus dem unteren in den mittleren sechsstelligen Bereich, meine Reichweite geht sogar in den zweistelligen Millionenbereich. Entgegen meiner ursprünglichen Intention schalte ich schließlich Werbung auf Facebook, sehe in den außerordentlichen Aufrufzahlen eine Chance, die Einnahmen zu dringend benötigten Spenden für das Ahrtal umzufunktionieren. Bislang hatte ich mich gegen die Kommerzialisierung meiner Seite gewehrt, als Unternehmer bin ich von den Einnahmen nicht abhängig, habe mein Auskommen, muss keine Sterne sammeln, betreibe meine Seite, um die Landwirtschaft nach vorne zu bringen. Doch nun bietet sich ungeahntes Potenzial, das vielen Menschen zugutekommen kann. Denn von vornherein war klar:

Was im Ahrtal generiert wird, bleibt im Ahrtal.

Schon nach kürzester Zeit gehen gigantische Summen ein, von denen ich Baumaterial kaufe, das den Betroffenen per Lkw nach Hause geliefert wird, ich lasse meine Maschinen kostenfrei laufen, kaufe zwei Dumper für knapp 9000 Euro, die noch heute im Tal eingesetzt werden, unterstütze Anwohner direkt mit Geldspenden, finanziere tonnenweise Baustoffe wie Schotter oder auch Reitsand für überflutete Anlagen. Auch der Merchandising-Shop mit Shirts, Aufklebern und Kappen läuft gut, bald können 175.000 Euro gespendet werden, 100.000 Euro davon gehen direkt an die Kreisverwaltung Ahrweiler zur Weitergabe an Härtefälle, landen aber schließlich in der Soforthilfe. Leider sollten ein knappes dreiviertel Jahr später horrende Anwaltskosten durch Diffamierungsversuche Einzelner entstehen, die ich auch von den Facebook-Werbeeinnahmen bestreiten muss. Bis jetzt bereits 60.000 Euro, die im Ahrtal viel Gutes hätten bewirken können... Auch die Versteigerung meiner Kappe mit Ebay-Geboten von mehr als 120.000 Euro wird leider von gefälschten Profilen unterwandert und damit abgebrochen.

Wieder zeigt sich, dass die Katastrophe das Beste, aber auch das Schlechteste in den Menschen hervorbringt.

Was hätte dieses Geld nicht alles bewirken können, wieviel Leid hätte es mindern, wie vielen Menschen helfen können? Letztendlich erzielt meine legendäre Kopfbedeckung immerhin noch 1800 Euro bei einer Versteigerung – kann zumindest ein wenig Gutes bewirken. Auch unsere zum Jahrestag initiierte „ZusammenGeld-Challenge“ bringt knapp 300.000 Euro ins Tal, die durch die Dachzeltnomaden und den Spenden-Shuttle den Betroffenen zugutekommen.

Bezüglich der so rasant gestiegenen Follower-Zahlen hatte ich mit einem Rückgang gerechnet, sobald die akute Ahrtal-Phase vorbei ist. Doch auch jetzt, ein Jahr nach der Flut, sind die Zahlen immer noch bei knapp einer halben Million. Die gemeinsamen Ahrtalerlebnisse, das Leid, aber auch die Freude, die vielen Schleudergänge der Gefühlswaschmaschine, haben uns noch mehr verbunden, uns zu einer noch engmaschigeren Community zusammengeschweißt. Dafür sage ich

DANKE !

Die gestiegene Reichweite macht sich auch in der ohnehin schon guten Resonanz auf meine Videos bemerkbar. Stündlich werden die Aufrufe der Situation entsprechend angepasst, ich gebe genaue Angaben, was zurzeit gebraucht wird, nenne spezifische Anforderungen wie Tonnenzahl, Gummiketten, Sortiergreifer oder Krokodilgebiss. Während wir anfangs für die Räumung von Autos, Weinfässern und tonnenschweren Bäumen große Maschinen benötigten, arbeiten wir uns nun in die kleinen Seitenstraßen vor. Hier brauchen wir kleines Gerät, Hoftracs für schmale Gassen, Hof- oder Garageneinfahrten und kleine Gärten, wir brauchen Minibagger und Dumper. In weiser Voraussicht, was uns die nächsten Tage, Wochen und Monate in einem solchen Arbeitsumfeld noch bevorsteht, wohl wissend, dass bei all dem herumliegenden Gefahrengut Tausende von Reifen und Hydraulikschläuche dran glauben müssen, rufe ich die entsprechenden Reparaturdienste schon jetzt auf, ins Ahrtal zu kommen. Wir brauchen Kraftstoff, Hydraulikfirmen, Werkstattwagen, Reifenfirmen.

Nichts ist jetzt wichtiger, als die Hilfe am Laufen zu halten.

Ein Stillstand der Maschinen würde unweigerlich einen Stillstand der Arbeiten bedeuten und wäre für die betroffenen Menschen die Katastrophe nach der Katastrophe.

Auch Bundeswehrmajor Dennis schaut Wippi TV und nimmt Kontakt auf. Mit ihm sollte sich in der kommenden Zeit eine gut funktionierende Zusammenarbeit entwickeln. Mit seiner Kompanie ist er für Bad Neuenahr-Ahrweiler und somit auch den Ortsteil Walporzheim zuständig, unterstützt den übernächtigten Bauunternehmer ab Tag 6 beim Straßenbau, bringt Essen, Getränke, Diesel. Nach Julia Klöckner ist er an Tag 9 der erste Offizielle, dem ich begegne. Zusammen wollen wir eine Lösung finden, den Müll effektiv zu entsorgen. Dafür hat sich Dennis schon mit dem Bürgermeister und dem Abfallwirtschaftsbetrieb in Verbindung gesetzt, dem Krisenstab eine Lösung präsentiert, die auch angenommen wurde und ab Tag 11 angewendet werden soll. Dass die bisherige Koordination „sehr konfus" gelaufen ist, muss auch er zugeben, gibt jedoch zu bedenken, „das Schadensausmaß, was hier vorliegt, ist so in dieser Dimension der Bundeswehr noch nie vorgekommen, und von daher muss es natürlich koordiniert werden und das dauert Zeit". Sein Ziel: Alle vor Ort tätigen Hilfsorganisationen bündeln und effektiv zum Einsatz bringen. Auf die Frage einer Fernsehreporterin, warum gerade ich, der filmende Landwirt aus Pulheim, sein Ansprech- und Koordinationspartner vor Ort sei, outet sich Dennis als Wippi TV-Zuschauer: „Ich habe Herrn Wipperfürth im Internet verfolgt auf Facebook, schon bevor wir hier eingesetzt worden sind als Bundeswehr und habe mitbekommen, dass er hier derjenige ist, der die Landwirte organisiert." Wieder einmal sollten sich meine Filme als nützliches Werkzeug im Zuge der Krisenbewältigung erweisen.

Ist ein Video abgedreht, drücke ich auf Senden in der Hoffnung, dass der Aufruf es ins weltweite Netz schafft, sobald ich in der Nähe des Edeka vorbeifahre, unserem einzigen verlässlichen Empfangs- und Sendeort. Auch hier kann man nicht glauben, im besten Deutschland aller Zeiten zu leben: Etwa eine Woche sollte es dauern, bis die Telekommunikation, eines der wichtigsten Werkzeuge in der Katastrophen-Koordinierung, im Tal funktionieren sollte. Wieder entsteht der Eindruck, sich in einem Schwellen-Drittland statt im Land der Techniker und Ingenieure zu befinden. Privat melden sich Telekommitarbeiter bei mir, bieten mir Handys und Hotspotwürfel an, haben erkannt, wie wichtig meine Aufrufe sind und was sie in kürzester Zeit bewirken.

Denn kaum ist ein Aufruf ins weltweite Web abgesetzt, kommt auch schon prompt die gewünschte Lieferung, wie beispielsweise ein Lkw mit dringend benötigten Arbeitsgeräten. Ein Landmaschinenhändler bringt nigelnagelneue Hoftracs, kann sich von dem Moment, wo die Maschinen den Ahrtalboden berühren, von 10 bis 20 Prozent des Warenwertes verabschieden. Ihm scheinbar völlig egal.

Hauptsache, den Menschen wird geholfen.

Einem Aufruf zu trittfesten Arbeitsschuhen folgt eine postwendende Lieferung von Hunderten von Paaren. Bedarfsgerecht gehen stündlich Waren in Walporzheim ein, seien es Lebensmittel, Arbeitshandschuhe oder Spezialhandcreme, mit der wir unsere geschundenen Hände, die mit allen möglichen aggressiven Stoffen in Berührung kommen, versorgen. Die Aufrufe sind wie eine kleine Fee, die du in einer misslichen Lage mit einem Wunschzettel rausschickst und auf einmal werden deine Wünsche erhört und erfüllt, denke ich angesichts unseres ganz eigenen, maßgeschneiderten Lieferservices manchmal schmunzelnd. Bis auf Dixis und Duschen vom Staat. Trotz meiner Videobotschaft an die damalige Umweltministerin Svenja Schulze, die es in einer nicht zu überbietenden Realsatire bis in den Bundestag schafft:

**„Hallo Frau Schulze,
ich hab' grad gehört,
dass Sie in Koblenz sind.
Könnten Sie uns vielleicht ein
Dixi-Klo organisieren?
Das wäre nach zwei Tagen hervorragend.
Vielen Dank für Ihre Mühen."**

Frau Schulze kommt zwar nach Koblenz, doch im Gepäck hat sie nur jede Menge tolle Worte, keine Toilette. Um die, plus ebenso dringend benötigte Duschkabinen, sollte sich Wunschfee Wilhelm an Tag 3 kümmern, sodass wir unsere Notdurft endlich wieder menschenwürdig verrichten und uns das bestialisch stinkende Gemisch aus Öl, Schlamm, Fäkalien und Müll von Haut und Kleidung waschen können.

Diese uneigennützigen Aktionen der Zivilgesellschaft sind es, die einem in einer solch Ich-fixierten Ellenbogengesellschaft den Glauben an die Menschheit zurückgeben. Viele Wochen und Monate später sollte

LouENergie
Energieholz | Produktion & Logistik
MAN

am zerstörten Ahrufer in Rech ein Schild mit folgendem Spruch stehen: „Wenn du den Glauben an die Menschheit verloren hast, geh' ins Ahrtal. Dort wirst du ihn wiederfinden." In der Tat sollte mich die beispiellose Solidarität, die im Rahmen der allgegenwärtigen VerAHRung zum Schlagwort SolidAHRität wird, immer wieder aufs Neue verblüffen, zutiefst berühren und tragen.

Die Aufrufe und der damit verknüpfte Einsatzort stellen sich schnell als Vorteil für Walporzheim heraus. Zwar schafften es nicht alle der rund 50 Traktoren aus dem Westerwald in den Bad Neuenahrer Ortsteil, schon unterwegs sind einige abgebogen, um zu helfen. Doch einmal hier angekommen, haben sie keine Wahl als zu bleiben. Teile der Bundesstraße, die von hier Richtung Marienthal, Dernau, Rech oder Mayschoß führt, existieren nicht mehr.

„Da fehlen ungefähr 500 laufende Meter Bundesstraße, die sind weg", erklärt Wilhelm, als ich am frühen Nachmittag erstmals seit meiner Ankunft wieder auf der Bundesstraße bin, die wegen Überfüllung des ursprünglichen Kipp-Platzes nun einspurig als Müllabladeplatz herhalten muss. Mit der Kamera fange ich das Szenario gegenüber der Ortseinfahrt Walporzheim an der Unterführung ein: übereinander gestapelte Autos, Schlammpfützen, angeschwemmtes Gestrüpp und Gehölz. Ungefähr ab Höhe Bahnhof sind die im Dorf gesammelten Müllberge fein säuberlich auf der rechten Spur aufgereiht – und mittendrin: **Traktor an Traktor.**

In den nächsten Tagen und Wochen sollte sich die Zahl der Maschinen weiter multiplizieren, Tausende Trecker sich wie Perlen an einer Schnur durch das Tal ziehen. „Hier habt ihr nur mal einen kleinen Überblick, alles voll mit Landwirten und landwirtschaftlichen Geräten. Ohne würde hier nichts laufen, das sei nochmal erwähnt", kommentiere ich, während die Kamera über Radlader, Lkw, Teleskoplader und Erdmulden schwenkt, die gerade ihre Ladung abkippen.
Die erneute Lobeshymne auf die Bauern kann ich mir nicht verkneifen. Schließlich ist die Intention, die Landwirtschaft nach vorne zu bringen, vor acht Jahren meine Motivation für die Gründung des Social-Media-Kanals gewesen. Schon als Kind werde ich allenthalben mit dem Vorurteil des dummen Bauern konfrontiert, meine Familie und ihre Lebensgrundlage in den Schmutz gezogen. Gesellschaftspolitisch muss der Landwirt seit Jahrzehnten als Sündenbock herhalten.
In meinen Videos will ich die Realität des landwirtschaftlichen Alltagslebens zeigen:

Ungeschnitten,
ungeschönt,
live.

Will mit Vorurteilen aufräumen, Desinformationen entkräften, den Berufsstand, der immerhin dafür sorgt, dass der Tisch in Deutschland immer reich gedeckt ist, rehabilitieren. Die Situation im Ahrtal beweist, was ich immer predige: Auf unsere Landwirte kann man sich verlassen, in einer Notsituation wie dieser sind sie die ersten, die helfen – und die es auch können. Dies ist kein Vorwurf an Feuerwehr und Co., die weder mit einer Katastrophe solchen Ausmaßes in Deutschland gerechnet haben, noch über die große Anzahl von Spezialmaschinen verfügen, die nun zwingend benötigt werden. Hier springen die Landwirte in die Bresche, stellen angesichts des dringenden Handlungsbedarfs auch in der Erntezeit ihren Fuhrpark plus Arbeitskraft zur Verfügung.

Mein Bauernherz schwillt vor Stolz, mein Helferherz jubelt und ist erleichtert angesichts jeder Unterstützung.

„Wirklich unglaublich, was hier an Hilfe gekommen ist. Richtig professionelle Holzarbeitsgeräte, alles aus dem landwirtschaftlichen Bereich, Forstwirtschaft, wirklich Wahnsinn, unglaublich. Wie ihr seht, sieht man sonst hier eigentlich keinen", lege ich in einem Video vom Walporzheimer Dorfplatz ein paar Stunden später noch einmal nach, immer noch geflasht, wie gut die Community wieder einmal zusammenhält. Auch bei einer Fahrt entlang des Abladeplatzes an der Bundesstraße kann ich nur immer wieder betonen: „Das ist alles von Bauernhand, Forstwirten, Bauunternehmern und Gärtnern hier abgekippt worden. Von keinem anderen."

Auf der Bundesstraße gibt es Neuigkeiten bezüglich des weggerissenen Straßenstücks. „Das macht der Wilhelm morgen mit 3000 Tonnen Grobschlag zu, damit eine provisorische Straße wieder hergestellt ist. Dafür ist auch der Bergepanzer da von der Bundeswehr, der schiebt dann das Material vor und ein Bauunternehmer bringt es morgen", informiere ich meine Community in einem Video entlang der Bundesstraße.

Die Info sollte sich später als nur teilweise korrekt erweisen und Beispiel sein für die leider teils zahlreich vorhandenen Gerüchte in Stiller-Post-Manier.

So werden aus den anfänglich geschätzten 500 lediglich knappe 100 Meter und der Bergungspanzer war mitnichten zum Grobschlagschieben gekommen. Wegen seiner unhandlichen Abmaße, die nicht mit den schmalen Gassen und Sträßchen Walporzheims zu vereinbaren sind, wird das imposante Militärfahrzeug nach einer Erkundungsfahrt einmal die Straße rauf und runter auch schon wieder für die Heimreise verladen, schiebt dabei aber wenigstens den sich auf der Bundes-

straße ausbreitenden Müll zur Seite. Ein kurzes Gastspiel, das ich im Video auch kommentiere: „Also man sieht, Bundeswehr ist jetzt auch da. Allerdings ich persönlich weiß nicht genau wofür."
Mit der Ankunft des Bauunternehmers Marcus Zintel sollte die Straße dann auch tatsächlich wiederhergestellt beziehungsweise das fehlende Stück neu gebaut werden und das nicht nur provisorisch – und dabei auch für die eine oder andere Schlagzeile sorgen. Die B 267 ist bei weitem nicht die einzige Flut zerstörte Straße, die schon wenige Tage nach der Katastrophe durch beherzte Privatinitiative unbürokratisch und schnell wieder hergestellt wird und somit von der Außenwelt abgeschnittene Ortschaften wieder miteinander verbindet. Ohne Bauanträge, Gutachten, jahrelange Prüfverfahren. Die Not macht's möglich und führt einmal mehr den trägen und langwierigen Staatsapparat vor: Alles Macher, die in den ersten Tagen der akuten Not ins Ahrtal kommen, ohne Kompetenzgerangel schnell und pragmatisch Entscheidungen treffen und diese auch umsetzen. Geht es um Straßenbau, hat der Bauunternehmer das Sagen, geht es um Ortskenntnisse, wird auf das Wissen der Einheimischen zurückgegriffen.

Status, Titel, hierarchischer Rang – alles nur Schall und Rauch im Angesicht der unmittelbaren Nachwehen der Katastrophe. Wir orientieren uns ausschließlich an Kompetenz und sollten damit in kürzester Zeit eine Menge bewegen. Als natürlicher Feind des schwerfälligen Behördentums geraten wir damit zwangsläufig in die Schusslinie derer, die es nicht erwarten können zu den ordnungsgemäßen Strukturen, der angestrebten und doch noch so fernen Realität, zurückzukehren.
Auch in puncto Versorgung zeigen die Privatleute den Offiziellen wie's gemacht wird. „Da vorne bei Holger Schneider, wo die Garagen sind, kannste dir was zu essen und trinken holen", heißt es am Nachmittag. Mit einer einzelnen Bank und einem Grill fängt alles klein an. Auf jenem landet alles, was die stromlosen Kühlschränke und Kühltruhen hergeben. Die Anwohner kramen Gaskocher und Konserven hervor, bekochen und verwöhnen uns. **„Wenigstens versorgen können wir euch"**, sagen sie, wenn wir müde und drecküberzogen von unseren Maschinen steigen und sie uns Würstchen und Bier in die Hand drücken. Oft nehme ich mein Essen mit auf den Trecker, will keine wertvolle Zeit verschwenden. Doch Holgers Garage wird auch für mich zur zweiten Heimat. Hier kommen wir hin, wenn wir mal runterkommen müssen, reden wollen, uns austauschen, einfach mal was anderes sehen oder auch mal 'ne Runde in der Ecke schlafen müssen. Hier fühlen wir uns aufgehoben und umsorgt. Das Einbahnsystem, das wir auf der Walporzheimer Straße kreiert haben, führt uns im Kreisverkehr unweigerlich immer wieder an der Garage vorbei.

Inzwischen sind auch überall im Ort Mini-Versorgungsstationen aufgestellt – Bretter auf Eimern und Kübeln, mit Getränken, Snacks und Klopapier. Menschen ziehen mit Bollerwagen voller Kaffee und Kuchen durch die Straßen. Hunger oder Durst muss hier keiner leiden. Wieder fällt mir ein Spruch meiner Oma Helene ein: „Wie die Verpflegung, so die Bewegung", würde sie sagen, denke ich schmunzelnd. Die gute Stimmung tut ihr Übriges, motiviert, spornt an, macht so vieles wett, mit dem wir bei unserer Arbeit klarkommen müssen.

Die Mischung aus Festival und Katastrophe hält uns zusammen.

Ohne das Festival kannst du die Katastrophe, das Leid, die Not, die unbeschreiblichen Zustände kaum ertragen, kannst nicht das leisten, was du tagsüber machst, zumindest nicht freiwillig.
Neben Grillgut, Getränken und Gemeinschaft gibt es noch einen weiteren Anziehungspunkt, der uns zu Holgers Garage treibt: Ein Kinderplanschbecken zum Händewaschen! Was das Ahrtal noch vor zwei Tagen zu viel an Wasser hatte, ist jetzt kostbare Mangelware.

Alles klebt und bappt in einer Mischung aus Schweiß und Dreck. Es juckt und kribbelt auf der Haut.

Ein Königreich für eine Dusche oder wenigstens ein paar Tropfen zum Händewaschen! Bei einem meiner Tanktouren schaue ich kurz bei der Feuerwehr in der Bad Neuenahrer Heerstraße rein. Hoffe, zusätzliche Hilfe akquirieren und mir mal schnell die Hände waschen zu können. Doch die freiwilligen Brandschützer sind selbst komplett überwältigt und überfordert mit der Situation. Von ihnen ist keine Hilfe zu erwarten, was man ihnen wahrlich nicht vorwerfen kann. Wie jede andere örtliche Einheit hatten auch sie nicht mit einem solchen Schadensausmaß gerechnet und sind wahrscheinlich größtenteils auch selbst betroffen. Mit zumindest gründlich gewaschenen Händen verabschiede ich mich und lenke den Kleinen Schwarzen zurück nach Walporzheim.

Dort wird auch um 22 Uhr noch mit Hochdruck im grellen Lichtkegel der Traktor- und Baggerscheinwerfer gearbeitet. Wir sind wieder auf der Walporzheimer Straße.

Gestern waren wir absolut allein, heute herrscht ein dichtes Gewusel aus Helfern und ihren Maschinen.

Im flackernden gelben Schein der Warnleuchten vermischt sich das rhythmische Rumpeln der Maschinen mit dem treibenden Kreischen der Kettensägen.

Von hektischer Betriebsamkeit keine Spur. Ohne viele Worte fallen völlig fremde Menschen in einen gemeinsamen Arbeitstakt, funktionieren wie ein gut geöltes Uhrwerk, arbeiten sich methodisch durch die vor ihnen liegenden Herausforderungen. Alles Fachleute auf ihrem Gebiet, bewundere ich die reibungslosen Arbeitsabläufe in diesem bizarren Szenario. Auf der schlammverkrusteten Straße liegt eine unversehrte Vogelskulptur zwischen Geäst und Müll, flankiert von Autos, die die Flut willkürlich in Vorgartenhecken und zwischen Geranienblumenkästen platziert hat. Weinfässer werden aus dem Weg gerollt, um Platz zu machen für Arbeiter, die mit Kettensägen Äste, Stämme und schweres Gehölz in transportfähige Happen für den Sortiergreifer zerteilen. Noch gestern türmten sich hier drei Meter hohe Anschwemmungen auf einer Länge von 200 Metern. Inzwischen haben wir eine Schneise und Zuwege zu den Häusern geschaffen.

„Vielen Dank an die ganzen Helfer, es ist Wahnsinn, was heute geleistet wurde. Das ist so unglaublich, wie effektiv das hier alles ist. Ich will euch nur mal zeigen, was hier los ist", gebe ich meinen Followern euphorisch einen Einblick in die nächtlichen Aufräumarbeiten, kann meine Erleichterung und Freude über die dringend benötigte Unterstützung nicht verbergen: „Ich bin richtig stolz auf die ganzen Kollegen, die hier sind und was das für 'ne mega Gemeinschaft ist."

Ein paar Maschinen weiter wollen die Jungs mit dem gelben Bagger und Sortiergreifer eine Nachtschicht einlegen. Das heißt auch für mich, wir fahren durch. Keine unübliche Situation in der Erntezeit und auch nach einer anstrengenden Tagschicht kein Problem für die Fachleute, die hier sind. „Wir sind ausgeruht, wir können noch ein bisschen baggern", bestätigt auch Thomas, während er mit dem Greifarm seines Kettenbaggers routiniert und flink die Müllberge neben der Kapelle sortiert und auf die Erdmulde lädt. Seit 6 Uhr bin ich auf den Beinen, bin müde, kaputt, physisch und psychisch ausgelaugt. Doch der Enthusiasmus reißt mit, motiviert die letzten Reserven, setzt Endorphine und Adrenalin frei:

„Jetzt macht das richtig Spaß, obwohl es scheiße ist, weshalb wir hier sind. Aber so kriegen wir auf jeden Fall was bewegt."

Meine Erdmulde ist noch nicht ganz voll für die nächste Kipprunde, ein bisschen Zeit hab' ich noch für ein kurzes Interview. „Warum bist du genau hier? Sag schnell, weil ich muss fahren, sonst krieg' ich Ärger vom Baggerfahrer", will ich vom Disponenten wissen, der das Einbahnsystem koordiniert. „Weil wir helfen wollen. Wir haben uns heute Morgen zusammentelefoniert, wir haben alles mobilisiert und sind hergefahren, ohne jeglichen Auftrag und wollen einfach nur helfen."

Ohne Auftrag – diese Aussage sollte später noch für einigen Zündstoff auf Pressekonferenzen, in Gesprächen mit der ADD (Aufsichts- und Dienstleistungsdirektion) und der weiteren Wahrnehmung unserer Arbeit sorgen. Monate später, wenn aus dem solidahrischen Schlammschippen einer einzigartigen Gemeinschaft aufgrund hetzerischer Spaltungsversuche Einzelner eine Schlammschlacht entsteht, werde ich immer wieder mit dem Gerücht konfrontiert, ich wäre seit Tag 1 aus rein monetären Beweggründen im Ahrtal, mit der ausschließlichen Intention, mir mit lukrativen Aufträgen die Taschen voll zu machen. Das Universum hat einfach einen geilen Humor, denke ich oft. Auch in diesem Fall. Denn genau das Gegenteil war und ist der Fall. Statt mit vollen Taschen von dannen zu ziehen, habe ich summa summarum noch draufbezahlt und rund 800.000 Euro durch zahlreiche Aktionen ins Ahrtal gebracht. Das meiste davon Einnahmen des Merchandise-Shops und der Facebook-Werbung. Letztere muss ich allerdings versteuern, diese kommen somit anteilsmäßig aus meinem privaten Portemonnaie. Ganz zu schweigen vom Gegenwert meiner Arbeitsleistung und der meiner Maschinen sowie den monetären und materiellen Spenden im fünf- und sogar sechsstelligen Bereich, die durch die Reichweite meiner Aufrufe oft innerhalb von Minuten generiert werden –

EIMERKETTE.

der Hauptgrund, warum ich in der zweiten Woche den Traktorsitz räume und mich ganz auf gezielte Aufrufe spezialisiere. 35.000 Euro gehen nach einem Live-Video an einer privat finanzierten Versorgungsstation ein, bedeuten unzählige Essen und Lebensmittel für Betroffene und Helfer. Ein komplett angelegter und finanzierter Garten für eine Flut betroffene Familie ist das Ergebnis eines anderen Aufrufs. Schon fünf Minuten, nachdem das Video über Facebook flimmert, gehen die Hilfsangebote en masse ein.

Schneller, effektiver und bedarfsgerechter kann Hilfe kaum sein.

Vorwürfe, die mir Selbstdarstellung unterstellen und meinen, ich hätte meine Zeit lieber zum Schlammschippen nutzen sollen, werden durch die methodische Maximierung der mir zur Verfügung stehenden Hilfsmittel schnell ad absurdum geführt.

Auch wenn ich selbst nicht mehr in der Fahrerkabine sitze, so ist mein Fuhrpark in den Hochwassergebieten in Leichlingen, Stolberg, Eschweiler, Euskirchen, Erftstadt und Inden noch wochen- und im Ahrtal sogar monatelang stark vertreten: Zwei Trecker mit Erdmulden, ein Traktor mit großem Planierschild, einer mit mittlerem und einer mit kleinem Planierschild, ein Mobilbagger, ein Mini-Bagger, ein Ford Transit mit Werkstattzubehör und Pumpaggregat, ein Traktor mit Pumpaggregat, zwei Erddumper, ein Acht-Tonnen-Kettenbagger, zwei Teleskoplader, ein Traktor mit Frontlader plus eine Sattelzugmaschine mit Kippauflieger. **Keine einzige Arbeitsstunde berechne ich für meine eigene monatelange Arbeit im Ahrtal**, lediglich einen Teil der reinen Selbstkosten für vier meiner Maschinen, stelle sogar noch zwei zusätzliche Mitarbeiter ein, die sich in tatkräftiger Vor-Ort-Hilfe vor allem um die unversicherten Flutopfer kümmern. Hunderte von Stunden haben die eingesetzten Maschinen bei ihren Arbeiten angesammelt, vom Verschleiß vulnerabler Komponenten wie Reifen und Hydraulikschläuchen ganz abgesehen.

Bei den anstehenden Erntearbeiten zu Hause müssen die Fahrzeuge außerdem substituiert werden, schlagen somit de facto zweimal zu Buche. Um weiter meine Lohnarbeiten durchführen zu können, bin ich gezwungen, einen weiteren Bagger zu kaufen, Anschaffungswert 83.000 Euro netto. Weitere Einbußen beinhalten die entgangenen Stallmieten auf zwei meiner Anlagen, da die Renovierungsarbeiten mit meinem Vollzeit-Einsatz im Tal gestoppt werden mussten – während die Abtragszahlungen an die Bank jedoch weiterlaufen. Finanzielle Ausfälle, die ich angesichts der Katastrophensituation zum Wohle der Betroffenen gerne in Kauf nehme, umso erstaunlicher die haltlosen Vorwürfe, ich sei als Goldgräber ins Ahrtal gekommen. Von den meisten unbemerkt, war mein Leben auch ohne die Flut in dieser Zeit von einer Zäsur geprägt. Viele kleine Schlüsselmomente, zu denen unter anderem gesundheitliche Probleme wie auch der Tod eines engen Freundes zählen, hatten mich zu einer grundlegenden Umstrukturierung meines Lebens bewogen. Jahrzehntelang hatte ich malocht wie ein Tier, kannte keine Tag- oder Nachtzeit, keine Feiertage, war nur noch unterwegs.

Zu viele Aufträge, zu viele Baustellen, jeder wollte etwas von mir, ich war am Limit.

Das sollte, musste anders werden. Selbst dem Workaholic in mir war klar: Du musst ein paar Gänge runterschalten. Aus dem Nichts hatte ich mehrere erfolgreiche Reitanlagen aufgebaut, Preise für hervorragende Leistungen im Bereich landwirtschaftliches Bauen gewonnen. Das Leben hatte mir nie etwas geschenkt, alles hatte ich mir selbst erarbeitet. „Du kannst machen, was du willst, aber seh' zu, wie du es bezahlt bekommst", lautete das Credo meiner Eltern. Was sich im ersten Moment negativ anhört, hatte für mich positive Nebeneffekte. Intellektuell und handwerklich gefordert, musste ich für die Verwirklichung meiner Ziele kreative Wege finden, meine Fähigkeiten optimal einzusetzen. Dieses Muster sollte sich durch mein ganzes Leben ziehen: Probleme erkennen, kreative Lösungsansätze entwickeln, Visionen umsetzen. Von jeher habe ich eine Aversion gegen „Luftpumpen", Menschen, die nur reden, aber nicht machen. Was nützen einem Tausend Ideen, wenn man keine davon umsetzt? Mein erstes Laser-Planierschild habe ich selbst gebaut. Im Wissen, dass ich allein mit Landwirtschaft nicht überlebensfähig bin, schuf ich den Betriebszweig Reitanlagen, sammelte so erste wichtige Lebenserfahrungen. Mein Glück hab' ich immer selbst in die Hand genommen, mir meinen Erfolg selbst erarbeitet und im Zuge dessen viel erreicht. Nun war mein nächstes Ziel, einige Maschinen abzustoßen und mich ausschließlich auf die Reitanlagen und alles rund um Pferde zu konzentrieren. Mein Zuhause, meine Familie sollten im Vordergrund stehen.

Ich stand so kurz vor dem Ziel – dann kam die Flut...

Der Rest ist Geschichte. Ich hatte Verlängerung gekriegt. Es kam mir vor wie im Film, wo der pensionierte Detektiv aus dem Ruhestand geholt wird, um noch ein paar besonders knifflige Fälle zu lösen. Das Universum hatte mir auf seine Art gezeigt, was es von meinem beruflichen Teilrückzug hielt: Statt weniger Arbeit hatte ich nun mehr, statt mehr Freizeit war ich nun zu 150 Prozent ausgelastet. Soviel zum Humor des Universums – und den Gerüchten.

Zehn Monate später, während diese Zeilen entstehen, stoße ich auf einen meiner Posts vom 16. Juli 2021, der angesichts des kontraproduktiven Hauens und Stechens nicht treffender sein könnte:

„Wir müssen wieder dazu finden, die besten Menschen zu sein, in exakt der Zeit, die wir gemeinsam haben! Dann können wir genau das schaffen, was wir gerade schaffen."

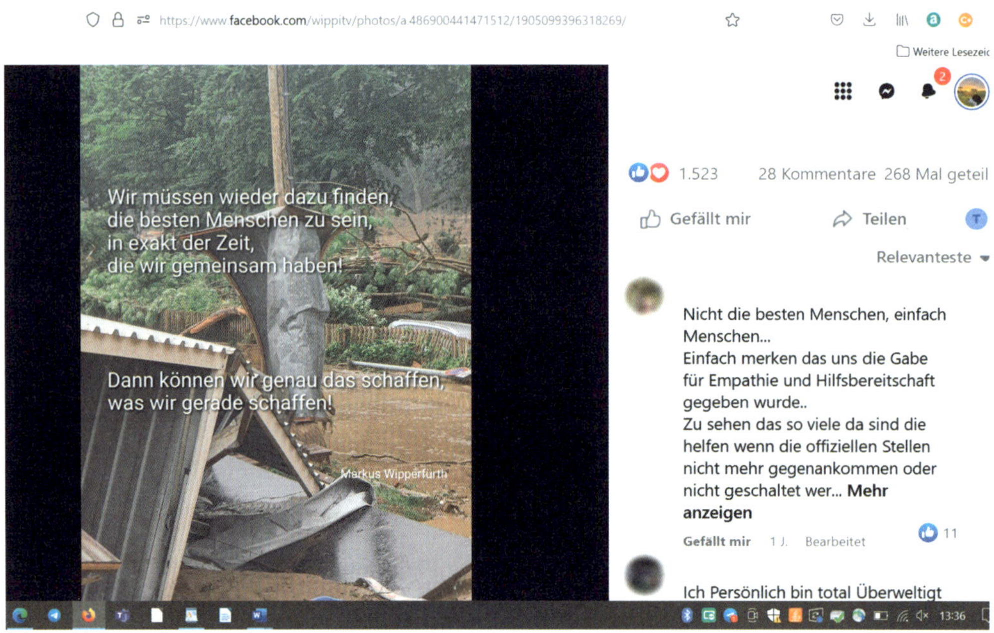

In meinem Video nehme ich die Antwort des Disponenten in weiser Voraussicht als Stichwort, um unmissverständlich klarzustellen: „Wir sind hier unentgeltlich. Ob wir nachher was kriegen – wär' natürlich schön. Also ich geh' davon aus, dass nicht. Ich weiß es nicht." „Diesel wär' super", wirft ein Helfer ein. Ich kann ihm nur zustimmen. Diesel wär' in der Tat super. Auch mein Fahrzeug ist gleich leer. „Kommt mal mit 'nem Tankwagen hier runter, wir sind seit zwei Tagen hier am Fahren", richte ich einen entsprechenden Aufruf in Richtung THW.

Kurz vor 23 Uhr nehme ich meine Community ein weiteres Mal virtuell mit auf eine Runde durch das nächtliche Walporzheim, das in der stromlosen Dunkelheit einer Geisterstadt gleicht. Keine Straßenlaternen, die die verwinkelten Gassen des einst idyllischen Weinorts beleuchten, kein sanfter Lichtschein aus Wohnzimmern, Küchen und Schlafzimmern, der Heimeligkeit, Gemütlichkeit und eine heile Welt suggeriert. Stattdessen sind Trümmer und Schrott, die stummen Zeugen der Zerstörung, in allumfassende, pechschwarze Finsternis getaucht, überzogen von gespenstischer Stille. Im Lichtkegel des Kleinen Schwarzen werden die Überreste der Katastrophe sichtbar: Müllberge aus Schwemmgut und kontaminiertem Hausrat, von der Flut quer gestellte Autos am Straßenrand, einst liebevoll an Straßenlaternen platzierte Blumendeko hängt in Fetzen runter, Anhänger, von der brachialen Naturgewalt in Gartenhecken katapultiert. Am ursprünglichen Kipp-Platz, den ich an Tag 1 fast allein gefüllt habe, vorbei geht es weiter Richtung Epizentrum, dem Ortskern, der am schlimmsten betroffen war, verschüttet unter meterhohen Anschwemmungen. Einziger Lichtblick in diesem gespenstischen Szenario:

„Überall stehen Traktoren mit Beleuchtung, alle sind am Arbeiten. Wir probieren einfach zu helfen, wie es geht und wo es geht."

Zurück auf der Bundesstraße habe ich endlich Internet, kann erstmals live das Geschehen vor Ort wiedergeben. „Mal gucken, was wir machen können", krempeln ein paar Helfer, die gerade angekommen sind, motiviert die Ärmel hoch. Wir tauschen Infos aus, wer wo am sinnvollsten eingesetzt werden kann. Noch immer gibt es keine offizielle Koordination, wir sind weiter im Blindflug, improvisieren so gut wir können, haben aus dem Nichts ein gut funktionierendes System aufgebaut. Auch wenn wir Arbeit ohne Ende haben, es läuft. Derweil machen Nachrichten über Dammbrüche, Evakuierungen und dringend benötigte Hilfe in Regionen wie Prüm oder Heinsberg die Runde. Vielleicht wären die zusätzlichen Helfer dort besser eingesetzt? Wieder müssen Entscheidungen getroffen werden, die außerhalb unseres Kompetenzbereichs liegen. Wir kennen die Örtlichkeiten nicht, unsere spärlichen Infos haben wir vom Hörensagen, offizielle Aussagen liegen nicht vor. Ich schicke die Truppe erst einmal runter in den Ortskern zur Sammelstelle zwecks weiterer Lagebesprechung. Währenddessen erwartet uns hier oben auf der Bundesstraße bald ein Platzproblem. Wir brauchen dringend eine neue Kippstelle. Fast die ganze Straße ist inzwischen mit aus dem Ort abtransportiertem Müll zugekippt – und zwar ausschließlich von Bauern, Bauunternehmern und Garten- und Landschaftsbauern. Das nehme ich zum Anlass, um mich einmal explizit an die Medien zu wenden:

„Ihr könnt das gerne weiter verschweigen, dass hier die Bauern im Prinzip die Hauptarbeit machen. Bringt aber nix, weil, ich werd' nicht aufhören, die Videos hier zu machen."

In der Tat sollte das nächste schon wenige Minuten später folgen. „Ich möchte nur noch mal ganz kurz verdeutlichen, was hier gerade passiert", muss ich einfach noch mal schnell live gehen, um das rege nächtliche Treiben zu dokumentieren und lenke den Kleinen

Schwarzen durch Walporzheim, vorbei an Feuerwehr und privaten Helfern, die kurz vor Mitternacht fieberhaft Tiefgaragen und Keller leerpumpen. Auch hier wird durchgearbeitet. **„Als weiter, hier sieht's ja aus wie am Schlachtfeld“**, lautet das Motto. „Das hier sind die Helden für mich, auf die Jungs ist Verlass“, zolle ich meinen Respekt und lenke den Traktor weiter durch finstere Straßen, passiere Güllefässer, Waschmaschinen, Gas-Tanks auf dem Weg in den Ortskern. Dabei gebe ich der Community auch einen kleinen Blick „hinter die Kulissen“ – unser Lager, die improvisierte Versorgungsstation mit Notstromaggregat, Kaffeemaschine, Kuchen und Obst, das Hotel, das uns dankenswerterweise Zimmer zur Verfügung gestellt hat und unsere zweite Heimat, Holgers Garage. Im Ortskern wartet bereits eine Gruppe motivierter Helfer auf Maschinen, mit denen sie arbeiten können: „Habt ihr noch Karren, womit wir fahren können? Wir brauchen Schlepper mit Mulden.“ Sie sind einem Aufruf des LSV gefolgt unter der Prämisse, hier zuhauf verfügbare Radlader und Schlepper zu finden. Ich verweise die Arbeitswilligen auf die Mulden an der Bundesstraße und stelle auch den Kleinen Schwarzen zur Verfügung, in der Hoffnung, doch mal eine Runde zu schlafen. „So, da fährt mein Schlepper, die Ablöse ist eingewiesen.“ Es ist bereits nach Mitternacht, als die Rücklichter meiner Mulde in der stockfinsteren Nacht verschwinden. Meine Kamera schwenkt über die Walporzheimer Straße, zeigt den Fortschritt. „So sieht's hier aus“: Zwei, drei Meter hoch hatte sich das Schwemmgut aus den Ortschaften ahraufwärts gestapelt, inzwischen ist zumindest die Straße frei. Im Schein ihrer Maschinen räumen Baggerfahrer mit Sortiergreifern das Treibgut vor den Häusern weg, Stuhl um Stuhl, Weinfass um Weinfass. „Die Jungs machen hier weiter, die wollen die Nacht durchmachen. Ich bin ehrlich gesagt froh, dass ich abgelöst werde. Drückt den Jungs die Daumen, dass hier nichts Schlimmes passiert oder auch nichts gefunden wird“, verabschiede ich mich für die Nacht. Mein letzter Aufruf geht an das THW mit der Bitte, uns Diesel zu bringen:

„Unsere Maschinen sind alle leer, wir brauchen spätestens morgen früh Sprit.“

Es ist bereits früher Morgen, als ich schließlich völlig erledigt ins Hotelbett falle. Wieder sollte ich kaum ein Auge zumachen, biete meinem erschöpften Körper lediglich die Gelegenheit, ein wenig zur Ruhe zu kommen. In meinem Kopf warten die Ereignisse der vergangenen 48 Stunden noch immer darauf, ordnungsgemäß analysiert und verarbeitet zu werden. Doch in Anbetracht der außergewöhnlichen Reizüberflutung scheint sich die ansonsten tadellos funktionierende rationale Erfassung zu verzögern. Zumindest gehe ich mit einem anderen

Grundgefühl zu Bett als noch in der ersten Nacht. Die Angst, dass sich das Gerücht des drohenden Dammbruchs bewahrheitet, ist nicht mehr vorhanden. Dazu macht sich Erleichterung breit:

Mit dem Eintreffen der vielen Helfer ist eine enorme Last von mir gefallen,

Verantwortung von meinen Schultern genommen worden, die ich nie haben wollte. Als Traktorist war ich ins Ahrtal gekommen, nicht als Fachmann für Katastrophen oder um eine solche zu leiten. Auch wenn mich die Community noch nie im Stich gelassen hatte, ich hatte keine Ahnung, ob und was meine Aufrufe bewirken würden. Kommen die Leute, kommen sie nicht? Immerhin war Erntezeit. Umso gigantischer die Erleichterung und tiefe Dankbarkeit beim Eintreffen jedes Radladers, jedes Treckers, jedes Lkw, jedes Baggers. Die Angst, dass wir es nicht schaffen, war weg. Ich war mir sogar sehr sicher: Wir werden eine ganze Menge schaffen. Mit diesem tröstlichen Gedanken sollte ich wenigstens für ein paar Stunden in einen weiteren traumlosen Dämmerzustand fallen.

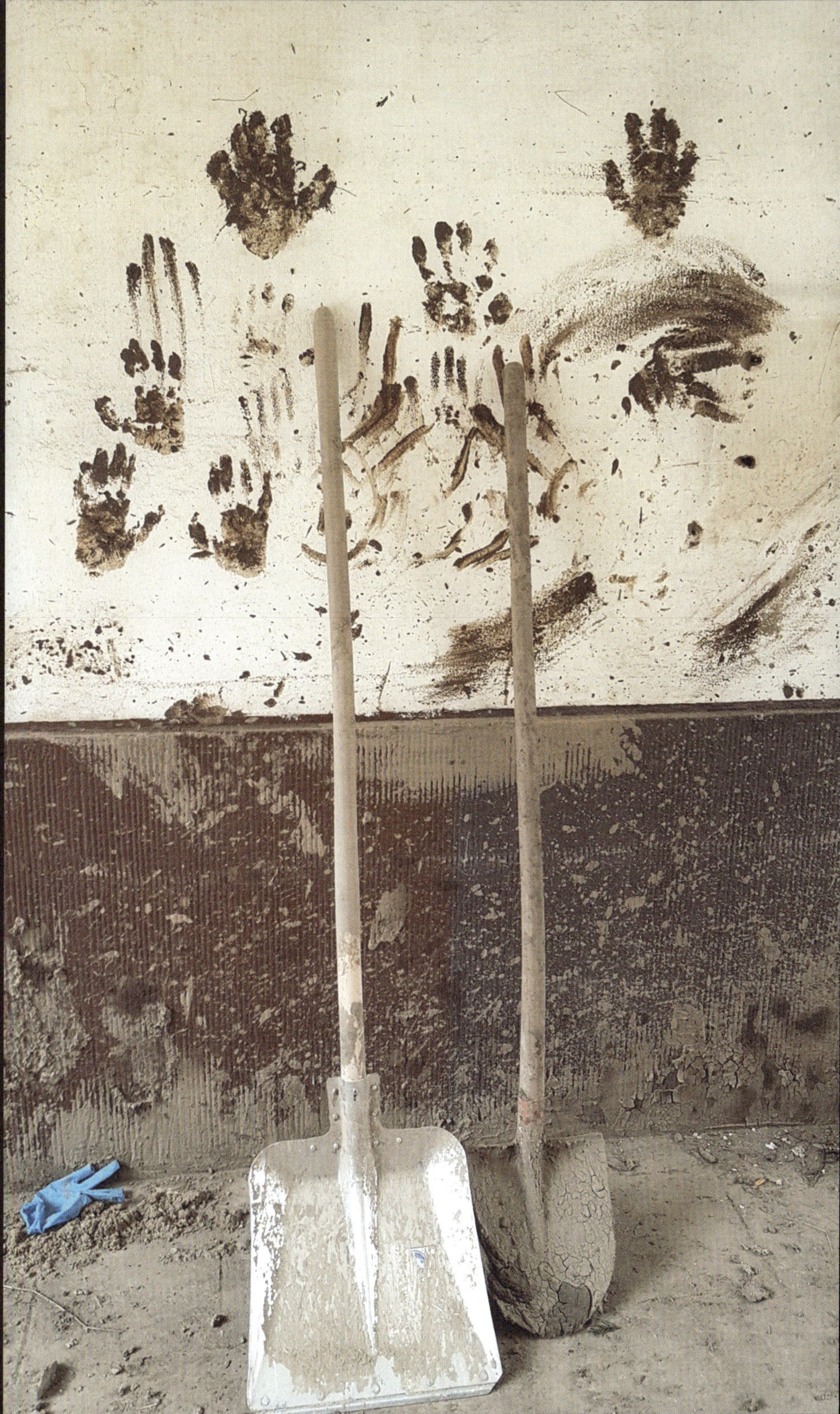

agroliner

Viele Menschen, die Kriege miterlebt haben, sagen, hier sieht es schlimmer aus. Dort, wo Bomben fallen, ist alles zerstört, aber 50 Meter weiter ist die Welt wieder in Ordnung. Hier ist nichts in Ordnung, alles ist kaputt.

Die Welle hat vor nichts und niemandem Halt gemacht, ob arm oder reich.

Schlichte Mietswohnungen liegen ebenso in Trümmern wie schicke Eigentumsvillen, bescheidene Gebrauchtwagen und teure Edelschlitten stapeln sich nebeneinander, kopfüber aufgetürmt in Gehölz und Schutt. Vor dem zerstörerischen Strudel ist jeder gleich. Der beste Beweis ist die Walporzheimer St. Josefs-Kapelle, die ich heute zum ersten Mal betrete. Seit meiner Ankunft ist das Gotteshaus, dessen Spitze wie ein Gipfelkreuz aus dem unüberschaubaren Berg von Trümmern herausragt, mein Arbeitsziel, aber auch mein persönliches.
Stück für Stück, Meter für Meter arbeite ich mich vor, bis ich die Kapelle schließlich betreten kann.

Riecht immer noch nach Kirche, stelle ich beruhigt fest, als ich vorsichtig das Innere betrete. Weihrauch hängt in der Luft, auch die Anordnung des Kreuzweges scheint unbeschädigt. Vertraute Parameter, die ein wenig Normalität versprechen. Vom Wasser unerreicht, wacht ein gekreuzigter Jesus im Schein der Bleiglasfenster über dem unheiligen Chaos. Der Rest des Gotteshauses ist wie alles andere den brachialen Naturkräften zum Opfer gefallen. Nicht klerikale Objekte wie Bänke sind quer im Kirchenschiff verstreut, Boden und Wände von Dreck und Matsch überzogen. Inmitten der Zerstörung verspricht eine flackernde Kerze Kraft und Zuversicht.

**„Ganz wichtig,
die Hoffnung nie aufgeben“,**

betone ich in einem Live-Video und appelliere: „Spendet bitte und lasst uns alle zusammenstehen für die Leute hier.“

Trotz aller Verwüstung symbolisiert die Kapelle für mich als christlich, aber nicht kirchlich geprägten Menschen nach wie vor einen Ort der Besinnung, der Einkehr. Wird in den nächsten Tagen und Wochen inmitten des Chaos‘ für mich zum geheiligten Rückzugsort, der mir Sicherheit verspricht, wenn alles zu viel wird, ich an meine Grenzen stoße, mich sammeln und erden muss. Das ist normalerweise meine Traktorkabine, mein happy, aber auch safe place, nirgendwo fühle ich mich sicherer. Doch die durchsichtigen Scheiben machen ein Abtauchen, ein sich Zurückziehen unmöglich, verwandeln die Kabine in ein jederzeit einsehbares Glashaus. Die Kapelle hingegen ist so gut wie nie frequentiert, bietet mir Anonymität, für kurze Zeit bin ich hier einfach nur Mensch, kann die Kontrolle abgeben an höhere Instanzen. Ein Luxus, der mir nicht vergönnt ist, sobald ich die Türschwelle nach draußen überschreite.

Noch immer hängt eine diesige Dunstglocke über dem Tal. Völlig verschwitzt hatte ich mich frühmorgens aus dem Bett geschält, wie ein mit Hitze aufgestautes Zelt, dem jede Verdunstungsmöglichkeit versagt ist. Mit Widerwillen streife ich die noch vom Vortag nassen Klamotten über, vollgesogen mit einer abstoßenden Mischung aus Schweiß, Dreck und der flüssig gewordenen Essenz all dessen, was wir von der Gosse räumen. Für kein Geld der Welt würde ich so etwas unter normalen Umständen anziehen. Doch hier ist nichts normal.

Ich ekel mich vor mir selber, kann den widerwärtigen Gestank, der mich umgibt, nicht mehr aushalten – und das will was heißen. Als Landwirt bin ich schweißtreibende Arbeit und mangelnde Sanitäranlagen gewöhnt, bin nicht pingelig, kann auch gut mal eine Zeitlang ohne auskommen. Hier ist es jedoch die Kombination zahlreicher Faktoren,

INRI

die mich langsam richtig wütend macht. Demütigend ist das, denke ich. Richtig demütigend. **Wir reißen uns hier den Arsch auf, setzen unser Leben aufs Spiel und können noch nicht einmal menschenwürdig unsere Notdurft verrichten.** Ein älteres Ehepaar, das ich Wochen später im Versorgungszelt treffe, hat sein Geschäft im Katzenklo verrichtet, eine andere Betroffene „in Tüten gekackt", wie sie beschämt zugibt. Mein Groll über das Komplettversagen wächst und so findet sich in zahlreichen meiner Videos auch immer wieder der berühmte Satz:

„Könnte uns bitte endlich mal jemand ein Klo besorgen?"

Das staatliche Scheitern bezüglich grundlegender sanitärer Anlagen wird durch Wilhelms Organisationstalent wettgemacht und so treffen am späten Nachmittag je 14 Duschen und 10 WCs in Walporzheim und Dernau ein. Dies sorgt für bizarre Szenen, erinnert eher an Hippie-Festival statt konservativ geprägten, mitteldeutschen Weinort: Nur in Unterwäsche, mit Handtüchern oder Bademänteln bekleidet, schlagen sich Menschen durch Matsch und Trümmer zum Versorgungshotspot neben Holgers Garage durch. Toiletten und Duschen sind fortan im Dauerbetrieb, was nicht zuletzt für olfaktorische Entlastung sorgt. Ein Dorf atmet auf!

Derweil fühle ich mich immer mehr wie im Zug nach Nirgendwo. Keiner weiß, wo er herkommt, keiner kennt die Endstation, niemand kann sagen, wer noch mitreist oder in welchem Wagon man landet. Du weißt nicht, was als nächstes passiert, gehst immer davon aus, dass jetzt die Offiziellen kommen, dass alles ein Versehen ist, ein böser Traum, aus dem du endlich aufwachst und jemand sagt: „Hier ist jetzt alles vorbereitet, alles geregelt, dort ist dein Ansprechpartner." Doch es wird immer offensichtlicher: das wird nicht passieren.

Wir sind immer noch mitten in diesem Albtraum und sollten noch lange nicht aufwachen.

In rasender Geschwindigkeit überschlagen sich die Ereignisse, erfordern ebenso rasche Entscheidungen. Während unser Kraftstoffproblem fürs Erste gelöst ist – an der Markant-Tankstelle in der Heerstraße dürfen Hilfsfahrzeuge kostenfrei auffüllen und ein Tankfahrzeug von RWE bringt knapp 9000 Liter Diesel und 600 Liter AdBlue – brauchen wir dringend Kippplätze, die Bundesstraße platzt aus allen Nähten.

Kaum haben wir die Straßen von Trümmern, Schutt und Anschwemmungen befreit, sind sie schon wieder voll. Diesmal mit Hausrat, den die Anwohner aus Kellern und den betroffenen Stockwerken nach draußen schleppen. Mit einer dicken Schlammschicht überzogene Matratzen, Sofas, Regale, Stühle, Kühlschränke und Fahrräder liegen zwischen ellenlangen Baumstämmen, Gas-Tanks, Benzinkanistern, füllen Bürgersteige und Straßen, müssen dringend abtransportiert werden – aber wohin? Dafür brauchen wir Menschen mit Ortskenntnissen und um Helfer und Maschinen über Schleichwege in die noch abgeschnittenen Ortschaften zu schicken. „Wo sind die Sperrmüllwagen?" frage ich mich und sende einen Aufruf an jenen Berufsstand:

„Bitte, bitte, bitte, kommt einfach zum Helfen."

Bauunternehmer Marcus Zintel, gestern mit Spezialmaschinen und Mitarbeitern aus dem Saarland angereist, arbeitet derweil mit Hochdruck daran, die 98 Meter, die die Flut kurz nach dem Ortsausgang Walporzheim aus der B 267 gerissen hat, erst einmal provisorisch wieder aufzufüllen, um einen Rettungsweg nach Marienthal und Dernau zu gewährleisten. Anderthalb Stunden dauert der Umweg über die Grafschaft in das 3,5 Kilometer entfernte Dernau. Mit zwei Baggern, zwei Raupen und einem Radlader ist der Bauunternehmer zurzeit im Einsatz, einen 30 Tonnen-Kettenbagger hat er nachgeordert, berichtet

Zintel, als ich zum Live-Video in seine Fahrerkabine steige. Zu Spitzenzeiten sollte er mit zwölf Maschinen und sieben Mitarbeitern im Einsatz sein. Über die ursprüngliche Aussage der Behörde: „Alles gut, wir brauchen euch nicht, hier sind genügend schwere Maschinen", die im krassen Kontrast steht zu Anfragen wie **„Könnt ihr bitte kommen und uns helfen, hier ist niemand?"**, ist er immer noch verwundert. Umso mehr, als er nach seiner Ankunft in Walporzheim feststellen muss: Hier waren bislang noch keine Großgeräte im Einsatz.

Vier bis fünf Meter dicke Brocken haben die Wassermassen mit jäher Gewalt aus Asphalt, Gestein und Sedimenten gerissen, dabei alte Wege und die ehemalige Bahnstrecke freigelegt, die ein paar Tage später den Kampfmittelräumdienst auf den Plan rufen sollte. Um das von der Ahr annektierte Terrain aufzufüllen, wird zusätzlich zu den 4900 Tonnen Wasserbausteinen, die Zintel vorfinanziert hat, am Flussbett abgetragener Schotter aufgeschüttet und mit einem Bagger mit Spezialaufsatz verdichtet. Neben dem Bagger, der sich Schaufel für Schaufel durch Schotter, Kies und Sedimente gräbt, sehe ich in der Tiefe einen asphaltierten Weg. „Krass, das muss der Radweg sein", denke ich, erst jetzt wird mir klar, dass der Boden, auf dem ich stehe, mitnichten original Niveau ist, ich stattdessen auf ein, zwei Metern Material stehe, das die Flutwelle hierhin transportiert hat. Wieder einmal werden mir schlagartig die gravierenden Auswirkungen bewusst, die die ungeheuerlichen Kräfte des Wassers auf die einst so pittoreske Natur des Ahrtals gehabt haben. Es macht klick und irgendwo in meinem Kopf fügt sich in diesem Moment ein weiteres Puzzleteil in das Gesamtbild ein.

„Hier drüben erkennt man noch das Kanalrohr von der alten Straße und hintendran den Asphalt, da müssen wir hin", zeigt Zintel auf ein Rohr, das in der Ferne aus massiven Trümmerstücken hervorschaut und nimmt mich mit zum Ahrufer. Immer noch aufgewühlt zieht sich der Fluss braun durch sein neues Bett, flankiert von mächtigen Bäumen, die sich entwurzelt am Ufer aufreihen, durchzogen von gigantischen Trümmern der massiven Eisenbahnbrücke und Straße. An den umliegenden Weinbergen kann man deutlich erkennen, wie hoch der jetzt so unscheinbar wirkende Fluss gestanden hat. Statt in üppigem Grün präsentiert sich der Hang bis zur Wasserlinie in tristem Braun-Grau, durchsetzt von Steinen, Gestrüpp und mitgerissenem Müll. Ich kenne die Ecke hier gut, früher vom Mopedfahren, erinnere mich immer noch gern an die tolle Motorradstrecke. Umso schwerer wird mir das Herz, als ich die großflächige Zerstörung mit der Kamera einfange und den neuen Ist-Zustand mit den Bildern meiner Erinnerung abgleiche.

„Das hab' ich noch nie erlebt in meinem Leben. Solche Kraft, die das Wasser hier entwickelt hat", ist auch Zintel fassungslos.

Er zeigt auf das andere Ahrufer: „Hier vorne sieht man noch die Überreste der Eisenbahnbrücke, die einfach weggerissen ist. Hier liegen noch Teile der Eisenbahnbrücke im Wasser, alles weggerissen. Hier noch die alten Stromleitungen und Versorgungsleitungen, alles kaputt." In einer nächtlichen Erkundungstour hatte sich der Bauunternehmer auf den Weg nach Marienthal gemacht, um den bislang noch nicht erreichten Nachbarort zu erkunden.

**„Da existiert einfach nichts mehr.
Da sind Häuser komplett...
da ist nur noch die Bodenplatte da.
Geisterdorf.
Ganz schlimm."**

Zintel ringt nach Worten, um das Ausmaß der Zerstörung zu beschreiben. Auch wenn Offizielle meines Wissens nach in Walporzheim eher durch Abwesenheit glänzen, sind wenigstens Mitarbeiter des LBM (Landesbetrieb Mobilität Rheinland-Pfalz) für wenige Minuten vor Ort und geben grünes Licht für die Baumaßnahme. Im Bereich Kommunikation gibt es allerdings noch deutlich Luft nach oben: Trotz der allgegenwärtigen Helikopter, die über uns schwirren, und Behörden, die über die fehlende Straßenverbindung informiert sind, ignorieren Rettungswagen und Einsatzfahrzeuge immer wieder unseren selbst

erklärenden Hinweis – **„Da geht es nicht weiter, die Straße ist weg."** – und stehen Sekunden später ungläubig vor der Abrisskante, wundern sich, dass sie nicht weiterfahren können. Das sorgt für unnötigen Stau in unserem gut funktionierenden Einbahnsystem. Krassestes Beispiel: ein THW-Transporter mit aufgeladenem Boot, der den Verkehr sage und schreibe anderthalb Stunden für sein aufwendiges Wendemanöver zum Erliegen bringt. Den sarkastischen Kommentar „Jetzt läufts!" kann ich mir in einem Post auf Facebook nicht verkneifen. Mehrere Tage nach der Katastrophe liegt unser Fokus auf der Infrastruktur zu Land, nicht zu Wasser, unser vorrangiges Bestreben: Rettungswege wieder herzustellen.

Doch immer öfter stehen wir Bagger an Bagger, Lkw an Lkw, verschwenden wertvolle Arbeitszeit, weil Flut-Touristen durch morbide Trümmerselfies den ultimativen Kick suchen oder „einfach mal schauen" wollen, sich dabei selbst gefährden und unsere existentiell wichtigen Verkehrswege verstopfen. „Liebe Leute, bleibt bitte hier weg. Das ist alles nicht ungefährlich. Es sind, glaube ich, genug Menschen zu Schaden gekommen, wir brauchen nicht noch mehr. Bleibt bitte zu Hause, blockiert uns nicht, lasst uns hier in Ruhe arbeiten, so helft ihr am allermeisten", appelliere ich in einem Video, während ich genervt auf der Bundesstraße im Stau stehe und die Bagger im Ort darauf warten, meine Erdmulde zu füllen.

Unser autarker Mikrokosmos hat eigentlich Kapazitätsmaximum erreicht, immer zahlreicher eintreffende Helfer sind Fluch und Segen zugleich, auch wenn sicher noch der ein oder andere Keller ausgepumpt und leergeräumt werden könnte. „Es sind viele helfende Hände hier. Ich glaube, es macht überhaupt keinen Sinn, wenn man privat jetzt hierhin fährt, um zu helfen, weil man einfach zu viel hier blockiert. Deshalb bleibt lieber zu Hause, helft von da aus finanziell", so mein Aufruf und folglich auch der Plan, überschüssige Helfer in weniger frequentierte Nachbarorte ahraufwärts zu senden. „Die Fahrzeuge, die jetzt unterwegs sind hierhin, bitte an der Heerstraße sammeln. Ihr werdet in circa einer Stunde abgeholt. Dann habt ihr noch mal eine Stunde Fahrtzeit, um zu Ortschaften zu kommen, wo glaube ich noch keiner war, nach Insul und so. Da müsst ihr dann auf eigene Faust arbeiten, ihr wisst wie es geht, ihr seid Fachleute und ihr kriegt das hin. Also, viel Erfolg", instruiere ich um kurz nach 9 Uhr in einem Video ankommende Helfer, in der Hoffnung, dass diese Hilfstruppen die Ortschaften über nicht weggebrochene Zuwege erreichen können.

Auch wenn wir private Helfer zurzeit lieber umleiten, können wir dennoch Hilfe gebrauchen, diese jedoch spezifisch auf die aktuellen Bedürfnisse unseres eingespielten Arbeitsteams zugeschnitten. Nachdem wir anfangs große Maschinen zum Aufräumen der Hauptstraße und Plätzen benötigten, haben wir nun Bedarf an kleinen Radladern, Kippern, Hoftracs und Baggern für enge Seitenstraßen und Gassen. Und ganz wichtig: Werkstattwagen und Reifenservice. **„Wir brauchen hier Fahrzeuge, die reparieren können, Werkstattwagen, Hydraulikanschüsse und Reifen in erster Linie. Bitte kommt hierhin.** Wir müssen mehrere Stützpunkte haben. Überall, wo aufgeräumt wird, gehen im Moment Reifen kaputt und Hydraulikanschlüsse. Das ist alles mit Ansage, ein Bagger steht jetzt, Hydraulikanschluss kaputt, kein Werkstattwagen hier. Also, kommt mit Werkstattwagen und verteilt euch bitte in die Ortschaften, wo gearbeitet wird", betone ich in mehreren Aufrufen am Vormittag mit Blick auf einen weiteren Traktor, der sich ein Eisen in den Reifen gefahren hat und seitdem als Arbeitsmaschine ausfällt.

Dass die Aufrufe nichts von ihrer Effektivität eingebüßt haben, kann ich schon fünf Stunden später in einem Live-Video verkünden: „Wir haben einen Werkstattwagen hier, wir haben Firmen da, die uns die Reifen reparieren. Das funktioniert jetzt auch." Allerdings hören wir

„Es ist einfach unglaublich, was hier für Fachleute am Werk sind!

immer wieder von dringend benötigten Helfern wie eben jenen speziellen Werkstattwagen, die weggeschickt werden oder Hilfsorganisationen, die seit Tagen mangels Marschbefehl zur Untätigkeit verdammt sind. Das Video eines aufgebrachten Anthony Lee, das ich auch auf meiner Facebookseite teile, spricht Bände.

„Wir sind leider als Fachgruppe Räumen des THW mit Baggern noch nicht angefordert worden. Seit Mittwoch haben wir das Gerät auf unseren Tiefladern verladen und warten auf einen Marschbefehl. Das Schlimmste an der Sache: Drei weitere Fachgruppen aus dem Norden Nordrhein-Westfalens warten genauso. In Niedersachsen standen bereits sechs Räumgruppen in einem Bereitstellungsraum, um auszurücken, wurden allerdings wieder nach Hause geschickt. Unverständlich“, so eine der zahlreichen Zuschriften auf das Video, in dem Anthony auf die Missstände aufmerksam gemacht hatte. „Wir können in diesem Land überhaupt keine Krise bewältigen, weil wir es erstens nicht gewohnt sind, zweitens Ressourcen abgebaut haben ohne Ende, und jetzt wundern wir uns, dass hier nichts mehr klappt. Wir leben jetzt in Krisenzeiten. Und wenn wir solche Basics nicht mehr hinkriegen – und das wird nicht die erste und die letzte Krise gewesen sein – dann werden wir massive Probleme haben in diesem Land“, schlussfolgert Lee, selbst jahrelang für Bundeswehr und Polizei tätig.

Eine Betroffene findet ebenso deutliche Worte, kann ihre Emotionen nur schwer in den Griff kriegen: „Ich bin stinksauer auf unsere Polizei, ich bin stinksauer auf unsere Feuerwehr, ich bin stinksauer auf unsere Regierung. Ich weiß aus sicherer Hand, dass Menschen hier weggeschickt werden, die helfen wollen, die mit Lkw hierhin kommen, mit Baggern.“

„Wir wissen nicht mehr, wo vorne und hinten ist“,

macht sie aus ihrer Verzweiflung keinen Hehl. „Die werden schon ihre Gründe haben“, habe die Polizei geantwortet und einfach aufgelegt, berichtet sie außer sich vor Wut. „Ich bin so froh, dass die Helfer hier sind. Die haben seit Tagen nicht geschlafen, wir organisieren jetzt intern, dass hier Schlafmöglichkeiten irgendwie zustande kommen, das ist 'ne Schande, das ist 'ne Schande für Deutschland“, schimpft sie den Tränen nahe.

„Ich stelle gerne meine Wohnung zur Verfügung, ich habe 13 Schlafplätze, ist zwar in Ahrweiler, ist im nächsten Dorf, auch kein Wasser, kein Strom, aber die Möglichkeit sich hinzulegen“, bietet sie uns Helfern voller Dankbarkeit an. Mein Fokus liegt indes immer noch auf fehlenden sanitären Anlagen. „Ne Toilette wär' ja schon Luxus hier“, entgegne ich.

**„Komm zu uns,
wir helfen euch.
Ihr helft uns,
wir helfen euch,
ganz einfach",**

bringt sie das Konzept der frisch geborenen SolidAHRität auf den Punkt.

Das Bild eines lachenden Laschets bei einem Besuch im ebenfalls gefluteten Erftstadt sagt derweil mehr als Tausend Worte, beschreibt perfekt das politische Totalversagen, wird zum Symbol von Respektlosigkeit, Unschicklichkeit und Indezenz den Flutopfern gegenüber, spiegelt genau die Essenz dessen wider, was wir tagtäglich vor Ort erleben. Als jemand, der seit Tag 1 im Katastrophengebiet im Einsatz ist, die unfassbare Zerstörung, das Leid, die Not und Verzweiflung derer, die in wenigen Stunden ihr komplettes Leben verloren haben, aus erster Hand miterlebt und sekündlich die Auswirkungen staatlicher Inkompetenz auszubaden hat, platzt mir der Kragen angesichts solch öffentlich zur Schau gestellter Indifferenz. „Was ist das? Eine Spaßveranstaltung?" poste ich das Video wutentbrannt auf meiner Seite.

Den Kernpunkt meiner kontinuierlichen Kritik, das Alleingelassenwerden, kann auch Zintel unterschreiben: **„Wir sind hier alleine.** Ohne die Unternehmer würde das hier gar nicht laufen. Ich bin seit gestern Abend um 20 Uhr hier, von der Feuerwehr hab' ich glaub' ich zwei Mal jemanden kurz gesehen, aber es war noch niemand bei uns bis auf das LBM. Wir sind da komplett auf uns gestellt. Etwas überfordert alle halt, es ist ja auch ein Riesenschadensereignis." Löbliche Ausnahme im behördlichen Ödland: Eine Handvoll Polizisten, die Zintel und sein Team nachts um 3 Uhr mit Gulaschsuppe und Getränken versorgen, sogar anbieten, mit anzupacken. „Das hab' ich noch nie erlebt. Das muss man wirklich sagen: Großes Lob an diese Polizei. Das waren aber auch die Einzigen. Das fand' ich ne tolle Aktion. Aber ansonsten sind wir hier irgendwie alleine."

Das Muster der fehlenden Experten zieht sich durch alle relevanten Bereiche: Seien es Sanitäter zwecks schneller Hilfe bei Schnittverletzungen oder eingetretener Nägel, Funkmasten für dringend benötigte Organisations-Kommunikation oder Seelsorger bei Leichenfunden, wie jenem, der kurz vor 20 Uhr für einen Baustopp auf dem Platz hinter der Kapelle sorgt. Im krassen Gegensatz dazu kennt die privat organisierte Hilfe keine Grenzen. Aus einer Bank und einem Grill vor Holgers Garage ist binnen weniger Stunden ein stark frequentierter Versorgungshotspot geworden. Begleitet vom allgegenwärtigen Soundtrack der nimmermüden Helikopter laufen inzwischen mehrere Grills auf Hochtouren. Nicht betroffene Anwohner schnippeln Gemüse, Zwiebeln,

SolidAHRität

wenden Steaks und Würstchen. Hungrige Helfer haben auf den Bierzeltgarnituren Platz genommen, nehmen sich kurz Zeit für eine schnelle Mahlzeit, einen Plausch, tauschen sich aus. Im uniformen Look des Ahrtals, einem Matsch beschmierten Shirt, sortiert Holgers Frau Annette Hilfsgüter wie Wasser, Brötchen, Bier und Konserven, die sich neben Toilettenpapier und Eimern in der Garage stapeln. „Wir haben unsere Garage geöffnet, weil wir selber nicht so schlimm betroffen sind, wir haben nur den Keller voll gehabt. Die Leute bringen von überall her die Sachen und wir geben's weiter", erklärt sie das Prinzip, während meine Augen ein Stück Heimat entdecken: Gaffels Fassbrause. „Die Versorgung steht auf jeden Fall", attestiere ich, nehme mir noch schnell eine Flasche mit und schon geht's weiter.

Der aus der Not geborene Einfallsreichtum beeindruckt mich nachhaltig, zeigt, wozu wir fähig sind, wenn wir unserer Kreativität freien Lauf lassen (dürfen). „Wir brauchen einfach kreative Köpfe, die was können und nicht irgendwelche Ideologen, die nur die Theorie im Kopf haben und nicht mal wissen, ob das Endergebnis überhaupt praktikabel ist. Und das ist einfach das, was mich hier so beeindruckt", zolle ich auch angesichts der unkomplizierten Straßenreparatur all den Machern, die mit vereinten Kräften anpacken statt zu reden, meinen Tribut. „Wenn wir nach all den sonst geltenden Regeln und Auflagen gehandelt hätten, wären wir jetzt noch am Räumen", denke ich mit Blick auf die Bauarbeiten, deren Endergebnis nach nur einer Woche eine ordnungsgemäß konstruierte Bundesstraße sein sollte, ein Unterfangen, das sonst viele Monate dauert... Die Not, kurze Amtswege und ausgehebelte Hierachien machen's möglich und Walporzheim kann als Tor zum Tal (vallis porta) der Bedeutung seines Namens endlich wieder alle Ehre machen.

Um 21.38 Uhr nehme ich meine Community live mit auf die für mich letzte Tour an diesem Abend. Seit heute Morgen steht mein Entschluss fest:

Heute Abend geht's nach Hause.

Die vergangenen 72 Stunden haben mich an meine Grenzen gebracht, sowohl körperlich als auch mental. Ich vermisse meine Familie, brauche meine heile Welt, meinen perfekten Mikrokosmos, den ich mir wie einen schützenden Kokon gesponnen habe. Möchte mir endlich die klebrigen, juckenden Überreste jener übelriechenden Flüssigkeit abwaschen, die sich seit drei Tagen in jede Faser meiner Kleidung gesogen und wie ein Film über meine Haut gelegt hat. Freue mich auf eine normale Toilette, keinen Weinberg, in dem ich mich notgedrungen erleichtere. Vor allem sehne ich mich danach, zumindest temporär etwas anderes zu sehen als Schutt und Trümmer, Not und Leid. Auch auf meinen Höfen muss ich unbedingt nach dem Rechten sehen, schließlich hatten auch wir mit Hochwasser zu kämpfen und flutbedingt evakuierte Pferde aufgenommen.

Hätten mir meine Mitarbeiter nicht den Rücken freigehalten und meine Arbeit noch zusätzlich übernommen, wäre mein Aufenthalt im Ahrtal ein kurzer gewesen. Was viele nicht kapieren: Jeder Helfer, der sich im Ahrtal einsetzt, fehlt zuhause, muss ersetzt werden, gerade in der Erntezeit. Jede Maschine, die im Ahrtal läuft, wird auf den heimischen Höfen gebraucht, muss substituiert werden, verursacht also doppelte Kosten. Nicht nur ihre Einnahmen gehen den ehrenamtlich agierenden Unternehmern bei ihrem Hilfseinsatz verloren, sie müssen auch die Vertretung für ihr eigentliches Tagesgeschäft finanzieren – Personal und Maschinen. Von Kosten für Kraftstoff, Verschleiß oder ruinierte Reifen ganz zu schweigen. Ausgelöst durch den Anruf eines benachbarten Landwirts, der mir seine Hilfe auf meinen Höfen anbietet, nutze ich meine Reichweite für einen Aufruf zum kollegialen Miteinander.

„Bitte helft euch gegenseitig."

Nach meiner letzten Runde lenke ich den Kleinen Schwarzen hoch in die Grafschaft, parke bei Frutania, kann bei Constantin „Ötti" Meller, einem Freund, der bei Frutania Erdbeeren abgeliefert hat, im Lkw gen Heimat mitfahren. Ich nehme nur das Nötigste mit aus der Fahrerkabine. Gummistiefel, Arbeitsschuhe bleiben drin, denn für mich ist klar: Auch wenn ich heute Abend eine Pause brauche, schon morgen früh werde ich wieder im Traktorsessel sitzen und helfen, wo ich kann.
Auf der Heimfahrt lasse ich die Tage seit der Flutnacht Revue passieren.

**Noch immer fühle ich mich wie in einem surrealen Film, der nachts auf Arte mit französischen Untertiteln läuft.
Oder der Katastrophen-Ausgabe von Survivor.
Nichts macht Sinn.**

Als einfacher Traktorist war ich ins Ahrtal gekommen, mangels offizieller Entscheidungsträger und durch meine Reichweite schnell zum Knotenpunkt, dem Schwarzen Brett des Katastrophengebietes avanciert.

Es ist kurz vor Mitternacht, als ich auf dem heimischen Hof ankomme. Paula ist längst am Schlafen, doch Beate hat auf mich gewartet. Stumm liegen wir uns in den Armen, das Geschehen unmöglich in Worte zu fassen.

CAT
CAT

„Du bist ein Lebenskünstler“, sagt mein guter Freund Josef Schröder von Heinenhof immer. Tatsächlich war der einfache nie mein Weg. Meine Visionen haben mich immer aus der Komfortzone gepusht, das sprichwörtliche kalte Wasser mein natürliches Habitat.

Herausforderungen, Akutsituationen, die schnelle und weitreichende Entscheidungen erfordern, sind für mich nichts Ungewöhnliches, beflügeln mich zu Höchstleistungen.

Ich lasse mich gerne auf neue, unbekannte Situationen ein, allerdings nie außerhalb meines Kompetenzbereichs. Durch einen Krankenhausaufenthalt in meiner Kindheit traumatisiert, kann ich kein Blut sehen, muss mich nach jeder Spritze erst einmal hinlegen. Allein der Gedanke, ein Hospital zu betreten, bereitet mir Übelkeit. Ein Grund, warum ich mich nie einer Freiwilligen Feuerwehr angeschlossen oder meinen Zivildienst nicht bei einem Rettungsdienst verrichtet habe. Vor den Leistungen dieser Einheiten, die unter Einsatz ihres eigenen Lebens Verletzte retten und Verstorbene bergen, habe ich höchsten Respekt, weiß aber, dass meine Kernkompetenzen in anderen Bereichen liegen. Das Ahrtal hat mir die Option genommen, Situationen zu vermeiden, die ich bislang erfolgreich aus meinem Leben ausgeschlossen hatte. Noch nie habe ich mich so weit aus meiner Komfortzone herausbewegt wie in dieser Zeit. **Die einzige Wahl, die ich hatte: Umdrehen und dem Katastrophengebiet den Rücken kehren. Eine Option, die für mich jedoch nie infrage kam.**

Mit spitzen Fingern schäle ich mich aus meiner versifften Kleidung, kaum dass ich die Schwelle überschritten habe. So froh, nach drei Tagen endlich aus diesen Klamotten zu kommen. Ich drehe die Sachen so gut es geht auf links, um meiner Frau beim nächsten Wäschewaschen nicht zu viel zuzumuten. Doch die übel riechende Flüssigkeit ist durch und durch gegangen, hat auch die letzte Faser penetriert. Ein Waschgang ist auch bei mir nicht genug. Wieder und wieder seife ich mich ein, verfolge angewidert die ekelhafte Plörre, die von meinem Körper geschrubbt in den Ausguss fließt. Das ist ja schon fast Sondermüll, denke ich, wahrscheinlich schlägt im Abwasserwerk der Stadt Pulheim gleich was aus.

Auch in meinem gewohnten Umfeld ist die Katastrophe allgegenwärtig, zieht sich wie ein Riss durch meine heile Welt – in Gestalt der vielen flutbedingt aufgenommenen Pferde auf unseren Höfen – und in meinem Kopf. Selbst im vertrauten, heimischen Bett bleibt mir dringend benötigter, erholsamer Schlaf verwehrt – zu viele Gedanken, zu voll der Kopf. Während mein Körper ruht, rattert das Hirn, beschäftigt sich mit Problemen, die es am Morgen zu lösen gilt. In den wenigen Stunden, die ich zu Hause verbringe, schaltet sich das Leid und die Not im Ahrtal nicht ab – und mein Telefon schon gar nicht, klingelt pausenlos, pro Minute gehen fünf bis sechs Nachrichten ein, auf WhatsApp, auf Messenger, allen verfügbaren Kanälen. Kaum ist ein Problem gelöst, steht schon das nächste an, überschneidet sich oft mit dem vorherigen. Meine Gedanken haben nicht den Hauch einer Chance abzuschalten, sich voll auf das gewohnte Umfeld einzulassen, den sonst erzielten Regenerationseffekt abzurufen. Zu groß, zu übermächtig das omnipräsente Thema.

Selbst Erntezeit, für uns Landwirte die schönste Zeit des Jahres, unsere Bescherung, die Belohnung für unsere harte Arbeit, tangiert mich angesichts der außergewöhnlichen Umstände wenig. So als ob du dich das ganze Jahr auf Weihnachten freust, und am 24. Dezember wird das für dich so wichtige Ereignis plötzlich von etwas viel Gewichtigerem, viel Größeren überschattet und verliert seine Bedeutung. Die in dieser Zeit üblichen Hunderte von Kundenanrufen, die ich an Andreas weiterleite, werden nahtlos durch ebenso viele Anfragen bezüglich des Ahrtals ersetzt. Unser privates Festnetz und das im Büro hat meine Frau längst ausgezogen, auch hier Anrufe rund um die Uhr. „Eigentlich müsste jemand von der Behörde bei uns zu Hause sitzen und sich darum kümmern", meint Beate. Behördliche Hilfe, ach, was wär' das schön, denke ich, noch nichtsahnend, dass Tag 4 mir endgültig die Gewissheit bringen sollte, was wir insgeheim befürchteten:

**Da kommt keiner mehr,
das war's,
wir sind
auf uns allein gestellt.**

„Du bist unser Held" hatte meine Frau mir noch gestern Nacht getextet, während Paula ihren Freundinnen von all den Menschen erzählt, die ihr Papi retten muss und mir kleine, schützende Talismane zusteckt, die ich mit auf den Traktor nehme. **Wie erklärt man einem vierjährigen Kind eine solche Katastrophe?** Nicht zuletzt um Paulas Willen versuche ich die wenigen Stunden, die ich mit meiner Familie habe, nicht mit der Schwere und dem Ernst der Lage zu belasten, klammere das Thema zu Hause trotz der allgegenwärtigen Katastrophenthematik weitgehendst aus. Noch immer habe ich mein Innerstes nicht sortiert, muss erst einmal alles mit mir selbst ausmachen, bevor ich mit anderen drüber sprechen kann. Mein ganz normaler Modus Operandi in schwierigen Situationen.

Zwischen zwei Aufrufen, in denen ich noch einmal auf die dringende Notwendigkeit von Reparaturdiensten für Reifen und Hydraulikschläuche hinweise („Lieber einen zu viel als einen zu wenig") und Helfer aus Süddeutschland auf die Flutgebiete im näheren Österreich verweise („Das Problem ist jetzt bei euch angekommen"), tauche ich kurz in meine heile Welt, meine Version von „Unsere kleine Farm" ein. Die Serie aus den 70er- und 80er-Jahren war als Bauernsprössling meine Lieblingssendung, keine Folge habe ich verpasst, saß für 45 Minuten wie angewurzelt vor dem Fernsehgerät, tauchte ab in die für mich perfekte Welt aus Natur und idyllischem Familienleben – das dort porträtierte Leben immer mein Ziel. In der mir eigenen Version habe ich es auch verwirklicht, denke ich zufrieden, als ich mit meiner Familie über den Hahnenhof schlendere, der aus unzähligen erfolglosen Mäusefang-Videos bekannte Paul Herrmann an unserer Seite.

Wir sind auf dem Weg zum ersten Fohlen, das wir auf diesem Hof beherbergen. Zusammen mit seiner Mutter wurde es von einem gefluteten Hof gerettet und temporär bei uns untergebracht. Bildhübsch ist es, das glänzende Fell ein leuchtendes Rot-Braun. Neugierig kommt das etwa vier Monate alte Jungpferd auf mich zu, stupst mich mit seiner weichen Nase an. Noch tage- und wochenlang sollte ich dieses Bild im Kopf haben, im Chaos des Katastrophengebietes als Schutzschild aus meiner heilen Welt nutzen. Die prägnanten, tief dunklen Augen, die einfach nur Liebe ausstrahlen. Die dich sofort erden, dich in eine andere Welt transportieren, suggerieren, alles ist gut. Der warme Pferdeatem auf meiner Haut, der gütige Blick. Als würde Gott persönlich auf mich schauen, mir sagen wollen, „alles ist gut, bleib' auf dem Weg, auf dem du bist". „Da meint es einer gut mit mir", denke ich. Nach all dem furchtbaren Leid, das ich in den vergangen 72 Stunden gesehen habe, erlebe ich nun das andere Extrem am diametralen Ende des Spektrums, einer dieser seltenen schönen Momente in diesen Tagen. Die Natur ist neben dem Klavier schon immer mein Rückzugsort in schwierigen Zeiten.

Hier tanke ich auf, schöpfe neue Kraft, zentriere mich wieder.

Diese Kraft sollte ich schon wenig später brauchen, denn kaum komme ich beim Kleinen Schwarzen in der Grafschaft an und lenke mein Gespann Richtung Walporzheim, stehe ich schon im Stau. „Bitte, bitte umfahrt hier die Ortschaften weiträumig. Wir werden hier alle aufgehalten, wir kommen einfach nicht durch. **Bleibt bitte einfach zu Hause**

und lasst uns hier in Ruhe arbeiten“, appelliere ich eindringlich, besonders an die Flut-Touristen, die Zuwege für dringend benötigte Arbeitsmaschinen blockieren, um sich an Menschen, die ihre komplette Existenz verloren haben, und ihrem Leid zu ergötzen, für geschmacklose Selfies in den Überresten einer verheerenden Katastrophe posieren.

„Wenn ihr mal irgendwas gucken wollt, fahrt zum Kölner Dom. Nochmal: Bleibt hier weg, wir sind hier mit schwerem Gerät unterwegs, wir brauchen keine Leute, die nur mal gucken wollen, was hier los ist. Hier sind alle Straßen zu. Und die Leute, die sinnvolle Arbeitsgeräte bringen, die stehen oben im Stau und kommen nicht durch“, mache ich meinem Ärger genervt Luft und empfehle den Sensationsgeilen, sich Screenshots meiner Videos zu machen.

„Für die ganz neugierigen Leute, die einfach mal das ganze Elend sehen wollen, was den Leuten widerfahren ist, die da anscheinend Spaß dran haben: Hier könnt' ihr's sehen: Hier sind die ganzen Haushalte, hier liegen Autoteile, Hallenteile, Fahrräder, wir haben hier 'ne Brücke hochgefahren, hier liegt einfach alles das, was ihr im ersten Stock findet, je nachdem auch im zweiten und im Keller. Und wenn euch das erfreut, solche Bilder, dann könnt ihr euch ja hier 'nen Screenshot machen. Ich find's einfach unglaublich, dass man hierhin kommt, um Selfies zu machen“, rede ich Tacheles.

In feinen Schühchen und Klamotten steigen die Flut-Touris aus ihren frisch polierten Cabrios,

schauen sich ungeniert um, verewigen diesen Moment im Bild. Diese Menschen waren mitnichten auf dem Weg, einen leckeren Ahrwein zu kaufen und wurden – ups – von der Katastrophe überrascht, sie sind bewusst zum Gaffen gekommen. Ein paar Wochen später sollte in Mayschoß ein entsprechendes Schild zwischen Trümmern und Bauruinen angebracht werden, eine Preisliste mit gestaffelten Eurobeträgen für Fotos von zerstörten Häusern und Flutopfern...

Was geht nur in solchen Menschen vor, frage ich mich fassungslos, während meine Berufskollegen und ich wertvolle Arbeitszeit im Stau verschwenden. Die Frustration, dass nichts läuft, noch nicht einmal der Verkehr so geregelt ist, dass wir in Ruhe arbeiten können, dass augenscheinlich nicht zum Helfen gekommenen Gaffern, für welche die Hochwasserkatastrophe ein Großunfall zum Besuchen ist, der Weg ins Tal nicht verwehrt wird, entspringt dem scheinbaren Motto des Tages, dass noch immer nichts geregelt ist.

Meine Grundstimmung: Sauer! Und es sollte noch schlimmer kommen.

Müsch und Antweiler sind derweil telekommunikationstechnisch von der Außenwelt abgeschnitten, für die Ersthilfe dringend benötigte landwirtschaftliche Räumfahrzeuge können nicht zu ihren Einsatzorten dirigiert werden. „Bitte sagt der Telekom Bescheid, die sollen mal bitte einen Mast dort aufstellen, damit wir untereinander kommunizieren können. Das ist so wichtig jetzt gerade. Gerade kam ein verzweifelter Anruf, es kann nicht geholfen werden, die wissen nicht, wo sie hinmüssen", appelliere ich in einem Live-Video an die zuständigen Telekommunikationsanbieter. In Walporzheim hingegen scheint das Internetproblem inzwischen gelöst. Funkmasten sind installiert, außerdem stellt die Telekom Betroffenen und Helfern unbegrenztes Datenvolumen zur Verfügung, erleichtert damit den Kontakt von Betroffenen mit ihren Familien, ermöglicht das Abrufen wichtiger Nachrichten, beispielsweise zur Wetterlage. Infos, die zuvor in zeitraubenden Telefonaten einzeln weitergegeben werden mussten, können nun in WhatsApp-Gruppen gebündelt werden.

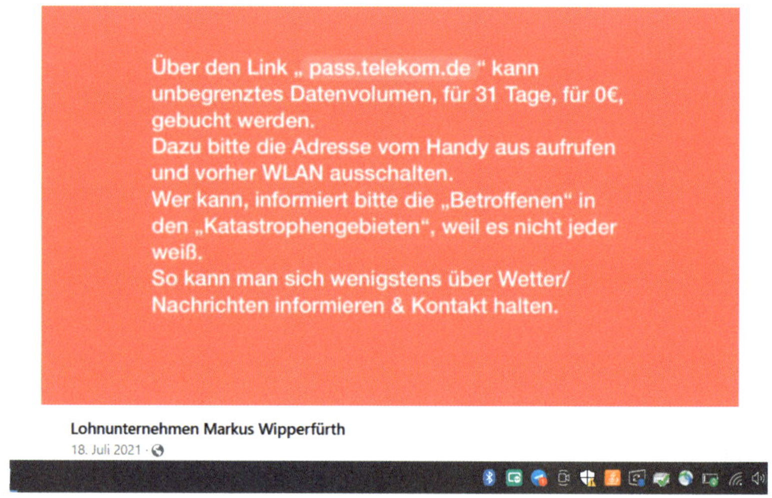

Kein Video, in dem nicht wenigstens einmal der wohl inzwischen bekannteste Klingelton des Ahrtals einen weiteren Anruf auf meinem überlasteten Telefon ankündigt. Deshalb auch mein Appell: „Bitte ruft mich nicht an, wenn es nicht besonders wichtig ist, kommuniziert jetzt bitte über die Gruppen." Dort finden sich für alle abrufbar wichtige

Infos, beispielsweise wo Reifendienste stehen oder wo Hydraulikschläuche repariert werden. Noch immer haben wir bei weitem nicht genug dieser Dienste, brauchen mehrere in allen Ortschaften, in denen mit schwerem Gerät gearbeitet wird, um die gut funktionierende Arbeitskette am Laufen zu halten. „Wir brauchen ganz dringend hier ganz viele Reifendienste. Bitte, bitte, bitte! Hier stehen jetzt zwei Radlader, hier ist noch einer defekt. Bitte macht euch auf den Weg, sonst stehen alle anderen Fahrzeuge. Das Schlimmste ist, wenn ein Bagger sich hier einen Reifen kaputt macht, dann kann nicht verladen werden. Die fahren sich hier stündlich die Reifen kaputt", richte ich einen dringenden Aufruf an alle Reifendienste mit dem Hinweis: „Für die Verpflegung und alles ist gesorgt."

Endlich in Walporzheim angekommen, kann ich zumindest den Fortschritt unserer Arbeit bereits deutlich sehen. „Es ist schon gut aufgeräumt, es läuft wirklich perfekt, hier sind ganz viele kleine Maschinen", berichte ich meinen Followern erfreut. Auch Peter Eyberg, Reitstallbesitzer aus dem Bergischen Land, den ich seit Jahren als Berufskollegen schätze und für den ich einen Reitplatz angelegt habe, ist eifrig mittendrin mit seinem Weidemann, einem kleinen Radlader, der perfekt in enge Garageneinfahrten und Gassen passt. Brüder im Geiste denke ich, wenn ich im Chaos Hunderter Menschen bekannte Gesichter wie das von Peter sehe. Nachdem uns bisher immer die Ebene Pferd verband, arbeiten wir plötzlich Hand in Hand, Seite an Seite in einer der größten Katastrophen, die man sich vorstellen kann. Unsere gemeinsame Vergangenheit eine augenblickliche Vertrauensbasis. Oder Johann Holtmeier, legendärer Reifenexperte aus dem hohen Norden, der mit enormem Fachwissen und detektivischem Spürsinn vor Jahren eine illegale Müllablagerung spektakulär aufklären konnte. Wie der lebendig gewordene Brösel aus den Werner-Comics steht er vor mir, genauso hab' ich ihn mir immer vorgestellt, aber nie persönlich kennengelernt. Nicht mit seinem landwirtschaftlichen Equipment ist er ins Ahrtal gekommen, sondern mit seiner mobilen Reifenwerkstatt und sollte später noch für Schlagzeilen sorgen, nachdem er dem abgesoffenen Fendt einer Winzerin mit einer aufwendigen Reparatur neues Leben eingehaucht hatte.

Ich bin einfach nur sprachlos, glücklich und unglaublich dankbar. Mit Peter und Johann und all den Menschen, mit denen ich sonst nur auf Plattformen wie Messenger oder WhatsApp kommuniziere, und die nun in Fleisch und Blut vor mir stehen,

wird das Digitale plötzlich 3D,
aus Social Media wird Social Machen,
das Virtuelle hat den Sprung
ins wirkliche Leben geschafft.

All die Manpower, die Maschinen, das Potenzial, das sich hinter jedem einzelnen Benutzernamen verbirgt, wird nun in der Realität in wertvolle Hilfe umgesetzt. „Das ist das tollste Gefühl überhaupt“, denke ich euphorisch. Bei Demos oder mit unseren Posts und Beiträgen haben wir schon immer für das gleiche Ziel gekämpft: Die Landwirtschaft nach vorne zu bringen.

Unsere gemeinsame Katastrophenhilfe baut auf dieser Basis auf. Blind haben die Berufskollegen mir und meinen Aufrufen vertraut, wissen um ihre Authentizität, wissen, dass sie die Realität vor Ort porträtieren. Haben sich ohne zu zögern mitten in der Erntezeit auf Traktor und Radlader gesetzt, sind teilweise bis zu 600 Kilometer gefahren, lassen stattdessen Berufskollegen ihr Getreide einfahren, geben ihnen quasi ungezähltes Geld in die Hand, der größte Vertrauensvorschuss, den man sich in der Landwirtschaft vorstellen kann – um unbekannten Menschen in einer Notsituation zu helfen.
Nicht erst seit der Flutkatastrophe wissen wir, dass wir uns aufeinander verlassen können, in Notlagen nicht allein sind, von unserer Community getragen werden.

Einer für alle, alle für einen. Hier wird der Spruch tatsächlich gelebt in einer beeindruckenden Dokumentation dessen, was uns Menschen eigentlich ausmachen sollte: **Menschlichkeit.**

Nichtsahnend, dass ich mich viele Monate später für gegensätzlich aufgefasste Statements rechtfertigen muss, nutze ich eine gemeinsame Traktorfahrt mit Holger, um ein für alle Mal dezidiert zu verdeutlichen: Meine Kritik bezieht sich mitnichten auf Mitglieder von Feuerwehr, DRK oder THW an der Basis, richtet sich stattdessen gegen die Befehlsbemächtigten, die arbeitswillige Einheiten nicht einteilen, ihnen Marschbefehle verwehren. „Hier unten lag alles voll, drei Meter hoch der Schutt und dann wird den Leuten erzählt, die aus Niedersachsen ankommen mit dem THW, nö, wir brauchen euch nicht. Das sind einfach Sachen, die komplett schiefgelaufen sind. Ich möchte das nur mal klarstellen:

Ich rede nicht gegen die Feuerwehr
oder gegen das THW,
ich rede gegen die Koordination von ganz oben,
die hier gelaufen ist.

Dickes Lob an THW, an die Feuerwehr. Die Jungs wollen, konnten aber nicht, weil sie nicht eingesetzt wurden.“ Mein Lob geht auch an die Polizei, die die Bundesstraße inzwischen abgesperrt hat, Fahrzeuge rigoros aussortiert und Schaulustigen mit einem Container den Weg in unser Arbeits-Epizentrum verwehrt.

„Wenn wir unsere Landwirte und Gartenbauer nicht hätten, dann würd' hier gar nix gehen", bestätigt ein Betroffener, bei dem wir meinen Erdmuldencontainer aufstellen und Schaufel um Schaufel händisch und mittels Hoftracs mit zähflüssigem Schlamm füllen. Unter den bislang gefundenen drei Verstorbenen im Ort ist auch seine Mutter: 93 Jahre, gehbehindert, im Parterre ertrunken. **„Sie hatte keine Chance, wir haben sie hinter der Tür gefunden",** berichtet der Mann gefasst. „Ich hab' zu meiner Mutter abends noch gesagt, tu' mir einen Gefallen, geh' in den ersten Stock. Ich hab kein gutes Gefühl.' Hat sich bewahrheitet", zuckt er resigniert mit den Schultern: „Aber nützt ja alles nichts, es muss weitergehen." Drei Häuser hat der Berufskraftfahrer in der Flut verloren. Alle nicht mehr bewohnbar, eins sogar einsturzgefährdet. „Wir haben nix mehr. Zum Glück hab' ich mein Auto retten können." „Es ist ja nicht allein mit dem Aufräumen getan, es muss ja auch aufgebaut werden", sinniert er, während er in matschbrauner Arbeitshose und Gummistiefeln versucht,

”Stück für Stück sein altes Leben zurückzuerobern.

In puncto Warnung zeichnet er ein ähnliches Bild wie alle anderen Betroffenen. Selbst an dem Abend nicht zu Hause, rekapituliert er die Aussagen seines Nachbarn, berichtet von Lautsprecherdurchsagen gegen 21 Uhr. „Doch dass das in diesem Maße kommt, konnte sich keiner vorstellen. Mein Mieter hier vorne im Haus hat gesagt, nach einer Minute schwamm schon der Hund auf der Matratze.“ Für den Mieter ist ein Fenstersims der lebensrettende Zufluchtsort. Drei Stunden sitzt er dort fest, bis der Wasserpegel endlich wieder sinkt.

Unglaubliche Szenarien, die sich in der Flutnacht überall abgespielt haben.

Im Laufe meines Engagements im Ahrtal sollte ich viele solcher Geschichten erzählt bekommen. Von Menschen, die die Nacht auf einer Türklinke stehend verbringen – das Wasser bis zum Hals. Die ihre gehbehinderten Angehörigen Stockwerk um Stockwerk in die vermeintliche Sicherheit tragen, nur um sie dann in ihren Armen sterben zu sehen. Menschen, die den verzweifelten Hilferufen ihrer Familienangehörigen hilflos gegenüberstehen und schließlich mit dem Verstummen der Schreie die schreckliche Gewissheit ihres Versterbens bekommen. Vor der Flut Flüchtende, denen die brachialen Wassermassen Kinder aus der Hand reißen, sie stundenlang in zermürbender Ungewissheit über deren Schicksal lassen. Familien, die sich aufgrund der ausweglosen Situation noch ein letztes Mal umarmen, zusammen beten, sich auf ihren Tod vorbereiten. Aber auch Kollateralschäden wie ein älterer Mann, der sich aus Angst vor Umsiedlung eine notdürftige Unterkunft im Wald baut und dort haust:

Eine provisorische Schlafstätte, gesichert von einem Hund aus Pappe.

Von Helfern auf seine Situation aufmerksam gemacht, versuche ich ihn aufzuspüren, ihm soll es nicht gut gehen, wurde mir gesagt. Doch ich finde nur die leere Behausung. Ein Aufruf bringt schließlich die Wendung, eine Wohnung für ihn, ganz in der Nähe seines Flut geschädigten Hauses.

Um nicht an all diesen Schicksalen zu zerbrechen, packe ich Geschichte für Geschichte in Schubladen meines inneren Seelenschranks.

Sorgfältig verstaut können sie mich nicht in meine Träume verfolgen, mich nicht an dem unnötigen Leid verzweifeln lassen. „Niemand hätte sterben müssen“, bin ich mir aufgrund der frühzeitigen Warnungen sicher und sage dies auch klipp und klar in einem Interview, das die Bild online

postet und ich auf meiner Seite teile. Ebenso wie einen Artikel der Times mit dem bezeichnenden Titel: „Germany knew the floods were coming, but the warnings didn't work" (Deutschland wusste vom bevorstehenden Hochwasser, aber die Warnsysteme funktionierten nicht). „Das war ein Komplettversagen von Verantwortlichen, auch von Politikern, hier hätte alles geräumt werden müssen. Wenn hier 200 oder 300 Liter mit Ansage in den Hängen fallen, dann weiß ich, was passiert. Da muss ich kein Fachmann für sein."

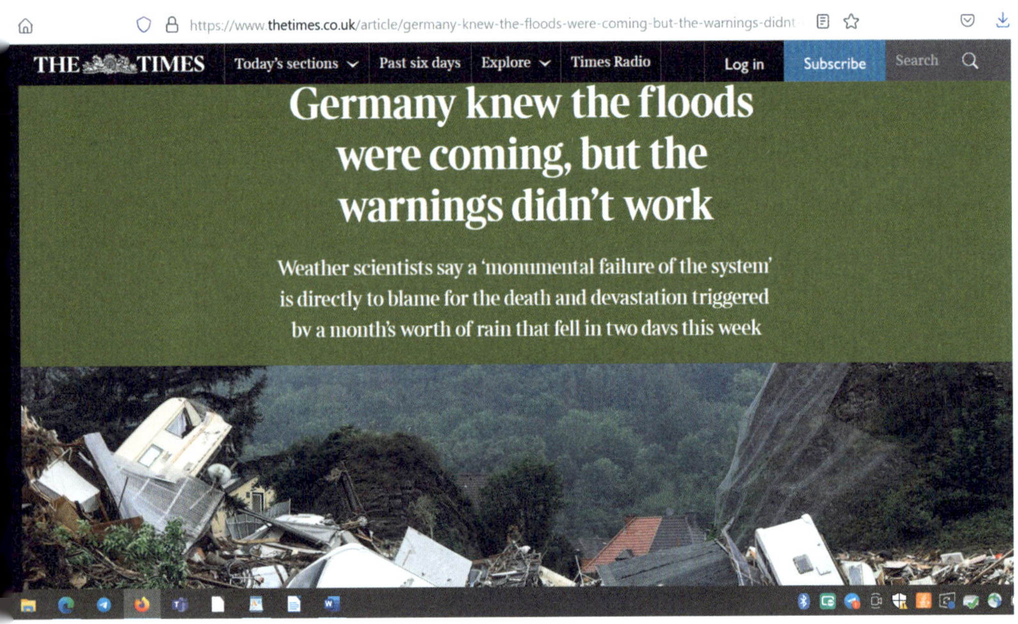

Angesichts meiner geballten Frustration halte ich mit meinem Ärger nicht hinter dem Berg, erwähne die fehlenden Seelsorger, Sanitäter, Fachleute, Reparaturdienste. „Ich hätte nie im Leben gedacht, dass man so alleine dasteht. Unterstützung: Null. Alles Mögliche haben wir selber weggeräumt, es war kein Fachmann dabei, der uns irgendwie unterstützt hätte in irgendeiner Form. Wir waren komplett auf uns alleine gestellt. Hier ist nichts organisiert. Überhaupt gar nichts. Die einfachsten Dinge nicht." Einziger Schönheitsfehler des Beitrags: Bild verortet die in Walporzheim aufgenommenen Bilder nach Schuld, 30 Kilometer ahraufwärts. Ich kann jedoch – wie ich auch immer wieder betone – nur für den kleinen Ahrabschnitt sprechen, in dem ich tätig bin und nicht pauschal für das gesamte Tal. Doch meine Aussage steht für sich.

„Wenn du dir hier nicht selber hilfst, hilft dir keiner, außer die Landwirte", bekräftigt der Anwohner und berichtet von seinem Nachbarn in einer Kellerwohnung schräg gegenüber: „Der hat nichts mehr, noch nicht einmal eine Unterhose. Seit drei Tagen in den Klamotten. Die Hilfsbereitschaft der Menschen ist grenzenlos, aber die Koordination ist schon ein bisschen problematisch", fasst er zusammen und spricht schon das nächste Problem an: „Es ist ja nicht allein damit getan, dass wir hier nur den Dreck bewältigen müssen, wir müssen den Leuten auch neue Möglichkeiten geben zu wohnen."

Durch zentimeterdicken Schlick stapfe ich an der Wasserlinie entlang hinter das Haus. „Man weiß gar nicht, wo der Dreck herkommt“, zeigt der geschätzte Mittsechziger auf von der Flut mitgerissene Gegenstände wie Mülleimer, Paletten, Hausrat, Eimer, Gartenmöbel und einen Pool, die auf geparkten Autos und Anhängern, in Hecken und Büschen gelandet sind. Keine ungewöhnlichen Gegenstände angesichts all der Campingplatzutensilien wie Vordächer, Fahrwerke und Zelte, die wir überall weggeräumt haben.

Beim Anblick des Pools, unter dessen Plane Ausbuchtungen von ungewissem Schwemmgut zu sehen sind, merke ich, wie eine Urangst langsam wieder zum Vorschein kommt: Die Befürchtung beim Wegräumen eine von den Fluten getötete Person in den Trümmern zu finden. Ein in meinen Augen unhaltbarer Zustand, Privatleute mit solch potentiellen mentalen Bürden alleine zu lassen, den ich auch immer wieder in meinen Videos anprangere und mir Seelsorger vor Ort wünsche.

„Den Anblick vergisst du nie“,

sekundiert der Anwohner und kämpft sich weiter durch das Anschwemmungsdickicht, während ich mich verabschiede: „Ich fahr' jetzt wieder Matsch weg.“

Angesichts der wendigen und höchst effektiven Weidemänner, die auf dem Weg zurück zur Straße an mir vorbeiflitzen und den penetranten Schlamm vom Boden kratzen, starte ich einen Aufruf für weitere Kleinmaschinen wie jene Hoftracs. Am besten mit Gülleschieber, zahnloser Schaufel sowie Mistgreifer, die von oben hydraulisch quetschen: „Das sind die goldenen Maschinen hier im Moment für die Bereiche, die wir schon geräumt haben. Ihr habt hier Arbeit ohne Ende, für Kraftstoff haben wir gesorgt. Helft den Leuten hier, es hat keiner die Chance, den Matsch wegzupacken. Wer mal 'ne Schaufel mit Matsch hochgehoben hat, weiß, wie schwer das Material ist.“ Einzige Bedingung: Wegen der großen Umkippgefahr muss ein fachkundiger Fahrer dabei sein. Lediglich verfügbare Maschinen vorbeizubringen, nützt in diesem Fall leider nichts, betone ich in meinem Live-Video.

Währenddessen hat sich die Kunde der nach Walporzheim weggerissenen Straße offensichtlich noch immer nicht rumgesprochen, sorgt weiter für ellenlange, zeitraubende Staus. Ich nutze eine der ärgerlichen Zwangspausen am Edeka-Kreisel für einen Appell an die Plünderer, die schon seit Tag 1 unterwegs sind, den Flutopfern noch das letzte Hab und Gut stehlen und Helfern unentbehrliches Arbeitsgerät: „Hier könnt ihr euch austoben, das könnt ihr alles mitnehmen, wir können euch das aufladen. Alle, die sich hier noch bereichern wollen an der Situation der Menschen: hier ist der Platz, ich kann euch den Standort schicken. Hier könnt ihr alles plündern", unterlege ich das Video eines Müllabladeplatzes provokant, mein aufgestauter Ärger deutlich zu hören. „Das ist auch so eine Sache, die finde ich unglaublich, so rein menschlich gesehen. Dass hier nachts Leute rumlaufen, in die Häuser reingehen und wahrscheinlich die Hoffnung haben, noch ein Portemonnaie zu finden – unglaublich."

Autopiraterie ist eine weitere Nuance der menschlichen Schattenseiten, die nun in den Nachwehen der Katastrophe ans Tageslicht kommt. Nicht wenigen Baggerfahrern werden ein paar Scheine angeboten, wenn geborgene Fahrzeuge nicht wie geplant auf der Deponie, sondern einem bereitstehenden Anhänger landen. Menschen, die teils nichts mehr haben als die Kleidung, die sie am Leib tragen, auch noch um ihre einzig verbliebenen Besitztümer zu bringen, macht mich fassungslos.

Die Krise hat wahrlich das Beste, aber auch das Schlechteste in den Menschen hervorgebracht.

In der Tat wären wir froh, wenn sich jemand, Plünderer oder nicht, des immensen Müllproblems annehmen würde. Mit der zugekippten Bundesstraße gehen uns die Abladeflächen aus. Wir wissen nicht mehr wohin mit Bauschutt, Hausrat, Schlamm und Schwemmgut. Mangels offizieller Entscheidungsträger errichten wir unter Federführung von Marcus Zintel kurz nach dem Ortsausgang, nahe der weggebrochenen Straße, eine neue Deponie. Einziges Manko: Nur Allradfahrzeuge können hier abkippen. „Wir haben alle öffentlichen Stellen versucht zu erreichen, jeden Polizisten, jeden Feuerwehrmann, jeden von der Bundeswehr angesprochen, den wir getroffen haben, wir kriegen immer die gleiche Aussage, ‚da können wir leider nichts machen'", bringt es ein frustrierter Kollege auf den Punkt. Unsere Lösung: Ein Müllumschlagplatz, auf welchem nicht geländegängige Transporter ihre Ladung abkippen, die dann von uns zur neuen Deponie gefahren wird. Ein effektives System, das sich bestens bewähren sollte.

Derweil überschlagen sich die Ereignisse.

**„Ende.
Ich kann nicht mehr.
Ich muss jetzt leider aufhören."**

„Ich bin eine kleine Firma, wir können das hier nicht ewig vorfinanzieren." Seit Freitag hat Marcus Zintel nicht mehr geschlafen, kein Auge zugemacht, stattdessen mit seinem Team durchgearbeitet. Noch vergangene Nacht 1000 Tonnen Grobschlag vom RWE verbaut, um die essentielle Straßenverbindung nach Marienthal und Dernau, den zwingend erforderlichen Rettungsweg, wieder herzustellen. Die 12.000 Euro, die ihn Maschinen und Personal pro Tag kosten, finanziert er aus eigener Tasche. Drei Tage kann er das leisten, keinen Tag länger. „Sorry, ich kann an der Aktion hier pleitegehen."

„Es geht einfach nicht mehr."

Noch immer hat er keine verbindliche Kostenzusage der verantwortlichen Behörden, hat keine andere Wahl, als abzuziehen. Das hätte weitreichende Folgen nicht nur für die Menschen in den Ortschaften hinter Walporzheim, die dann weiterhin nur über einen anderthalbstündigen Umweg über die Grafschaft erreicht werden können. Auch auf unsere Arbeit würde sich der Abzug Zintels unmittelbar auswirken: wir könnten einpacken und nach Hause fahren. Ohne seine Spezialmaschinen, die den Müll auf der neuen Deponie flächensparend hochstapeln können, werden uns zeitnah verfügbare Kippstellen ausgehen, versagen uns die Möglichkeit weiterhin aufzuräumen und den aufgetürmten Müll aus den Straßen wegzuräumen.

Eigentlich bin ich ein ruhiger Mensch. Doch in dieser Situation erstreckt sich mein emotionales Spektrum von Fassungslosigkeit und Ungläubigkeit bis hin zur blanken Wut.

Ich bin geladen. Kann nicht verstehen, mit welch bodenloser Ignoranz und Unfähigkeit unser funktionierendes System unterlaufen, ja geradezu torpediert wird. In drei Tagen haben wir – allesamt Laien auf dem Gebiet der Katastrophenbewältigung – unter widrigen Umständen und teils sogar Lebensgefahr einen erfolgreichen Arbeitskreislauf etabliert, dem nun wegen purer Unwissenheit und Inkompetenz die Zerstörung droht.

Dabei läuft alles wie am Schnürchen: Zintel macht nicht zuletzt dank Tag- und Nachtschichten große Fortschritte bei der Straßenwiederherstellung, ein Fußweg ist bereits errichtet. Auf der von ihm angelegten neuen Deponie, beziehungsweise Schuttabladeplatz, wie er später in der Behördenterminologie geführt werden sollte, können wir weiter Müll abladen, alles in Bewegung, ein gut aufeinander abgestimmtes, perfekt geöltes Uhrwerk. Als Facharbeiter sind wir gewohnt in reibungslos funktionierenden Arbeitskreisläufen zu arbeiten. Beispiel Ernte: In einem genaustens geplanten Ablauf, vergleichbar mit einem Fließband, ist jeder Schritt penibel festgelegt. Der Mähdrescher packt das Getreide auf Anhänger, diese werden in einem streng getakteten Rhythmus weggefahren, immer im Bestreben, keinen Leerlauf entstehen zu lassen, den Mähdrescher und damit alle Kreisläufe immer am Laufen zu halten. Die ganze Landwirtschaft ist ein Riesenkreislauf, aufrechterhalten von Menschen, die ihr Metier von der Pike auf gelernt haben, wissen, wovon sie sprechen.

Auch unser Arbeitskreislauf in Walporzheim beruht auf der jahrelangen Kenntnis der unterschiedlichsten Fachleute, die sich alle je nach Kompetenz einbringen. Nun sollte dieses von uns kreierte, sensible System unterbrochen werden, von Leuten, die in keinster Weise mit der Materie vertraut sind, sich die Kollateralschäden nicht mal im Geringsten ausmalen können. Nie hätte sich das kraftvolle Momentum, dass sich direkt nach der Flut entwickelt hatte, duplizieren lassen, wäre sinnlos verpufft, eine Verschwendung des ungeheuren Potenzials, das sich vor Ort eingefunden hatte. Tausende von hochqualifizierten Fachkräften aus ganz Deutschland, die über genau die Maschinen verfügen, die in diesem Stadium der Aufräumarbeiten nötig sind, die bereit sind, in ihrer Haupteinnahmezeit ihre Arbeitskraft und -maschinen kostenfrei zur Verfügung zu stellen und hoheitliche Aufgaben zu übernehmen, die nicht in ihrem Kompetenzrahmen liegen. Die lediglich ihre Unkosten ersetzt haben wollen.

Was will man als Staat mehr? Schlaue Entscheidungsträger hätten diese unbezahlbaren Ressourcen genutzt, sich für das Wohlergehen und die Kompensation jener unschätzbaren Fachkräfte eingesetzt. Doch anscheinend hatte sich kaum einer der Verantwortlichen vor Ort selbst ein Bild der Lage gemacht, anders lässt sich diese Farce, dieser Schildbürgerstreich nicht erklären.

In meine Wut mischt sich Angst.

Sorge um die Anwohner, die wir in ihrer Verzweiflung nicht alleine lassen wollen. Doch uns sind die Hände gebunden, ohne Spezialmaschinen sind wir nutzlos. Und keiner von uns kann sich sinnlosen Stillstand erlauben. Irgendeinen Nutzen müssen wir erbringen, sei es als Aufräumkommando im Ahrtal oder zu Hause bei der Ernte. Auf meinen Höfen steht die Strohernte an. Das vom niederschlagsreichen Wetter zu Boden gedrückte Gras muss dringend gemäht und eingefahren werden. Jede Minute, die ich sinnlos hier rumstehe, bedeutet verbranntes Geld zu Hause.

Es ist die erste Ernte,
die ich in meinem ganzen Leben verpasse,
nicht auf dem heimatlichen Hof bin.

Bilder von den Erntearbeiten, die mir meine Mitarbeiter schicken, zerreißen mir das Herz. Das ist mein Leben, meine Ernte, meine Maschinen. Ich helfe den Menschen hier gerne, möchte mein Möglichstes leisten, ihre Not zu lindern, doch wenn wie hier nicht erwünscht sind, habe ich Besseres zu tun, als nutzlos rumzustehen.

Hunderte Tausend Tonnen Schutt, Geröll, Schwemmgut, Hausrat und Müll haben wir Bauern, Gärtner, Forstwirte und Bauunternehmer in den vergangenen Tagen weggeräumt, unser eigenes Leben auf Eis gelegt, um in einer akuten Notsituation zu helfen. **Dies sollte nun der Dank dafür sein?** Gesagt zu bekommen, wir brauchen euch nicht? Kein Wunder, dass mir in einem Video der Kragen platzt, ich mich in meinem Frust und Ärger an die Verantwortlichen wende: „Marcus Zintel soll wohl abreisen mit seinen Maschinen. Wir werden noch so lange unterstützen und Müll kippen, wie wir Platz haben. Das kann eine Stunde sein, das können zwei Stunden sein, dann ist hier alles voll. Es wird nichts mehr aufgeschoben mit Raupen. Wir können mit den Maschinen, die wir hier haben, nicht den Müll aufschieben. Das muss man sich mal vorstellen, hier kommt jemand hin, bringt mehrere Raupen mit, bringt mehrere Kettenbagger mit, bringt Radlader mit, bringt Leute mit, hilft hier, macht Pionierarbeit, verbindet die Straßen, wo das Straßenstück fehlt, und er möchte jetzt vielleicht mal seine Unkosten bezahlt haben ab jetzt oder ab morgen, dass da mal 'ne klare Linie drin ist und der wird nach Hause geschickt. Ich verspreche euch, wenn der hier abhaut, dann sind wir ganz schnell ausgearbeitet und dann werde ich auch nach Hause fahren. Ihr glaubt nicht, was hier los ist, das ist unglaublich. Frau Merkel, Sie waren doch gerade hier. Kriegt man das nicht geregelt, dass der Mann seinen gerechten Lohn kriegt ab morgen? Er hat mehrere Tausend Euro schon gespendet. Ein Fachmann, den man hier wegschickt, weil ja wohl das THW kommt. Das eben oben stand, das Bild hab' ich gepostet vom THW, ein Schiff !!! und dann stand unten ein Lkw vom THW mit Containern, dass wir nicht mehr arbeiten konnten. Wir haben eben mit den ganzen leeren Anhängern unten gestanden, weil das THW falsch rum reingefahren ist. Hier ist nichts geregelt, nichts organisiert und die Leute, die hier den Laden am Laufen halten, die dafür sorgen, dass wir hier den Müll rauskarren können, dass wir den Leuten hier helfen können, den Bürgern, die werden jetzt nach Hause fahren, unglaublich, unfassbar! Wenn das so ist, fahren wir alle nach Hause. Ihr könnt euch das überlegen: Entweder wird jetzt schnell gehandelt und es wird geregelt und es wird ein normaler Preis gezahlt, wie es üblich ist ab morgen für die ganzen Baumaschinen, für die Mitarbeiter von der Firma Zintel, ansonsten steht hier gleich alles.

„Frau Merkel, Sie waren doch gerade hier. Kriegt man das nicht geregelt, dass der Mann seinen gerechten Lohn kriegt ab morgen?“

**Wir können nicht weiterarbeiten.
Wir würden es ja machen.
Es geht einfach technisch nicht.**

Hier ist alles voll mit Müll. Die Bundesstraße ist voll, alles voll mit Müll. Falls das hier jemand sieht von den Verantwortlichen, ich kann euch nur empfehlen, die Tieflader sind wohl beauftragt zu kommen, um die Maschinen zu verladen.“ Wenn das der Fall ist,

**wenn die Maschinen hier weg sind,
sind wir auch weg.**

Schlag auf Schlag geht es weiter. Keine fünf Minuten später berichtet ein Helfer von einer 91-jährigen, blinden Frau, die in der Gaststätte hinter der weggerissenen Straße wohnt und sich sehnlichst ein Dixi wünscht. Ihr Mann hatte die Nacht mit den Hunden und einem Feuer auf der Terrasse verbracht, nachdem ihr Haus von Plünderern heimgesucht wurde. Fünf Bekannte sind jetzt unterwegs, um ihnen in der nächsten Nacht als Verstärkung zur Seite zu stehen. Mir fällt der ältere Mann am Ortseingang von Walporzheim ein. Sein Haus hatte als Erstes die gewaltsame Kraft der Welle zu spüren bekommen. Erst nach zwei Tagen wird er gefunden, glücklicherweise hatte er sich in die oberen Stockwerke retten können. Ist dort 48 Stunden auf sich alleine gestellt. Ohne Strom, Wasser, Kontakt zur Außenwelt. Zustände, die sich kein Mensch unter normalen Umständen vorstellen kann. Auch der offensichtlich gewollte Zintel-Abzug hat sich bereits rumgesprochen. „Das ist nicht erwünscht, unnötige Arbeit in deren Augen“, so das gängige Narrativ, auf das man immer wieder stößt. „Das ist nicht mehr normal hier. Also ihr kriegt jetzt mal alle live mit, was hier in Wirklichkeit los ist“, lasse ich die Zuschauer dieser ungeschönten Reality-Soap wissen. „Die gelben Lampen, die räumen. Die blauen, die behindern“, fasst der Helfer auch angesichts des THW-Stau-Debakels zusammen. Zurück an Deponie und Straßenbaustelle werden meine schlimmsten Befürchtungen wahr: Die Raupen stehen, ein Helfer bestätigt: „Die ziehen ab, es gibt kein Zurück mehr.“ An den stillstehenden Maschinen vorbei bahne ich mir den Weg zur Abrisskante. Viel fehlt nicht mehr, um die beiden Straßenstücke wieder zu verbinden, zwei, drei, vielleicht vier Meter, bis der Rettungsweg wieder befahrbar gewesen wäre. Und dann zieht man den Bauunternehmer einfach ab. So nah und doch so fern...

Noch immer kann sich mein Kopf kein einziges Szenario ausmalen, in welchem ein solches Verhalten nur annähernd Sinn macht. **„Tja, liebe Eingeschlossenen in Marienthal, der Bauunternehmer zieht ab...“**, kommentiere ich mit einer Wut im Bauch, die sich keiner vorstellen kann, stehe vor dem Material, das wir Bauern vom Flussbett mühsam hierhin transportiert und Zintel professionell verdichtet hat. Für Nüsse haben wir alle gearbeitet, für umsonst. Und jetzt soll der uns alle am Laufen haltende Fachmann abgezogen werden, weil er sich erdreistet, seinen rechtmäßigen Lohn für zukünftige Arbeiten aushandeln zu wollen? „Das ist der Dank? Da fällt mir echt nichts mehr zu ein.“ Wieder komme ich mir vor wie in Schilda oder bei der versteckten Kamera, kann nicht glauben, dass so eine Posse im realen Leben mitten in Deutschland möglich ist. „So, ihr wisst jetzt Bescheid, was hier wirklich läuft. Könnt ihr euch selber ein Bild machen, wie hier mit den Leuten umgegangen wird. Jetzt übernehmen die Fachleute, die angeblich hier schon die ganze Zeit am Aufräumen sind“, gebe ich einen Blick hinter die Kulissen. Als hätten wir es inszeniert, um unseren Standpunkt zu verdeutlichen, steht plötzlich ein Rettungswagen vor der Abrisskante, ist auf dem Weg zu einem Verletzten in Marienthal, kommt nicht durch. Ein paar Stunden später wird ein Seelsorger in die nächsten Ortschaften geflogen – wegen der fehlenden Verbindungsstraße.

Realsatire pur!

Die Entscheidungsträger führen sich weiter ad absurdum. Einerseits schickt die Einsatzleitung THW und Bundeswehr über die angeblich befahrbare, jedoch nicht mehr existente Straße, um Pontons im Nachbarort zu holen und Lebensmittel zu den Anwohnern zu bringen, andererseits bekommen wir, allen voran Zintel und seine Mitarbeiter, immer wieder gesagt: „Man braucht euch nicht, wir kommen ohne euch klar, hier sind jede Menge Maschinen vor Ort, den Verbindungsweg brauchen wir nicht, da sind eh' keine Menschen mehr in dem Haus hinter der Abbruchkante, macht Feierabend, fahrt nach Hause."

Balsam für die Helferseele und klasse für die Motivation der freiwilligen Facharbeiter, die drei Tage und zwei Nächte durchgearbeitet haben, um die abgeschnittenen Ortschaften wieder mit dem Rest der Welt zu verbinden. „An die Einsatzleitung, falls ihr euch das Video irgendwann mal anguckt: Die Straße ist nicht frei. Die ist hier weggebrochen. Hier vorne gibt's die Straße nicht mehr. Und da hinten sind Verletzte und da kommt der Rettungswagen nicht hin. Ihr könnt ja mal ab und zu in meine Videos gucken, damit ihr mal wisst, was hier überhaupt los ist", richte ich mich in einem Live direkt an die Oberen.

Derweil packt Zintel ein, hat die Hoffnung auf ein Happy End in dieser unsäglichen Mischung aus Tragödie und Mockumentary aufgegeben. „Ich versteh' nicht, warum sich keiner meldet. Wir laden jetzt auf jeden Fall auf. Die ersten Maschinen sind schon verladen. Sorry, irgendwann ist Stopp, es geht nicht mehr. Ich bin 'ne kleine Firma, ich bezahl' das alles aus meiner Tasche, aber wir können so nicht mehr weitermachen."

„Hast du denn wenigstens Frau Merkel gesehen? Dann nimmt man ja wenigstens noch was Positives mit?", frage ich Zintel provokant beim Abschied. Flugs rechnet der ehemalige Soldat den stündlichen Kerosinverbrauch und die damit einhergehenden Flugkosten für den Hubschraubertypen aus, mit dem die Bundeskanzlerin angereist ist. „Aber wir sind zu teuer..." Ein Schlusswort, das alles sagt. Auch ich verabschiede mich und bereite die Community darauf vor, dass vielleicht bald keine Videos mehr kommen, „weil wir dann auch abfahren".

Neben der Katastrophe sind die Bilder der aufgeladenen und abfahrenden Maschinen die schlimmsten für mich. Mit brüchiger Stimme, den Wuttränen nahe fange ich die Bilder für die Nachwelt ein, will dokumentieren, was hier wirklich vor sich geht. Tausende Kubikmeter Müll haben wir Hand in Hand mit den Anwohnern verladen und weggekippt, resümiere ich, als ich an den kilometerlangen Bergen auf der Bundesstraße entlangfahre. Eine aus dem Boden gestampfte gemeinschaftliche Aktion, die ihresgleichen sucht. Der nonchalante Abzug unter der Prämisse, die restlichen Arbeiten können nun vom THW erledigt werden, kommt einer Demütigung gleich, ein Schlag ins Gesicht für alle, die hier gearbeitet haben und bis zur letzten Minute noch am Arbeiten sind.

„Es tut uns leid, es liegt nicht an uns. Wir hätten euch weiter gerne geholfen."

„Wir würden euch nie hängenlassen, aber wenn wir von oberster Stelle eine Order kriegen, wir brauchen euch nicht mehr, dann ist das so", erkläre ich unseren imminenten Abzug den Betroffenen, den ultimativ Leidtragenden der Aktion. Auch für all die Firmen, die mobilen Werkstattwagen, Reifenreparateure, all die Fachleute, die meinen Aufrufen gefolgt und aus ganz Deutschland angereist sind, um zu helfen, tut mir das sich abzeichnende Ende unserer Hilfsaktion leid. Auch sie können sich nun wieder auf die Heimreise machen.

Doch es sollte anders kommen.

In einer spektakulär-filmreifen Wendung werden Zintels Maschinen kurz vor der Verladung gestoppt. Mehrere private Anrufer hatten Kostenübernahmen zugesagt, auch das Ministerium ist jetzt – in der elften Stunde – wohl endlich eingeschaltet. „Ich weiß gar nicht mehr, was ich sagen soll. Ich kann euch nur danken, die im Hintergrund dafür gesorgt haben, dass es hier weitergeht. Ich danke euch wirklich im Namen von allen, die hier die Flutkatastrophe erleben mussten. Es läuft jetzt im Hintergrund und es sieht so aus, als ob es weiterläuft", berichte ich der Community immer noch fassungslos, diesmal vor Glück.

Die offizielle Kostenzusage symbolisiert viel mehr als ein monetäres Versprechen, vermittelt Wertschätzung unserer bisher geleisteten Arbeit, signalisiert ein hoffentlich endlich einsetzendes Verständnis der Lage, sagt: „Macht weiter, das, was ihr macht, ist gut." Endlich hatten wir das Gefühl, dass uns in dieser ungewissen Situation einer den Rücken stärkt. Ein längst überfälliges Zeichen, das durch eine offizielle Entschuldigung der verantwortlichen Personen noch hätte verstärkt werden können.

Der Tag ist noch jung und so lassen trotz aller Euphorie über den abgewendeten Baustopp die Probleme nicht nach. Infos über zweifelhafte Geldgeber werden an mich herangetragen, ich kenne weder die Personen noch deren Zugehörigkeiten zu bestimmten Gruppen, habe mich damit nie befasst. Auch das selbst ernannte „Friedensfahrzeug", das einen Tag später durch Walporzheim fahren, auf ein Hilfszentrum in einer Ahrweiler Schule aufmerksam machen und noch für einige negative Schlagzeilen sorgen sollte, fällt mir tatsächlich erst zehn

Auch wenn ich in vielen Orten ahrauf- und abwärts tätig war und das Ahrtal von Schuld bis Sinzig ins Herz geschlossen habe, so bin ich mit Walporzheim am innigsten verbunden.

Walporzheim

Monate später bei der Durchsicht meiner alten Videos auf. In einer Mischung aus Ahnungslosigkeit und naiver Gutgläubigkeit wäre ich nie im Leben auf die Idee gekommen, dass Menschen eine solch eklatante Notsituation für ihre ideologischen oder politischen Zwecke instrumentalisieren würden. Gehe immer noch davon aus, dass Hilfe für die Betroffen die einzige Intention ist und sein darf, ins Ahrtal zu kommen, empfinde tiefe Abscheu für alle, die damit ihre eigenen, niederen Ziele verfolgen.

Um eine politische Unterwanderung zu vermeiden, rufe ich Politiker der Altparteien in Gesprächen immer wieder auf, sich um Kostenübernahmen zu kümmern, um anderen Gruppierungen keine Bühne zu geben. Niemand will die AfD außer den AfD-lern selbst. Immer wieder muss ich der Partei untersagen, sich meine Videos zu eigen zu machen und mich vor den politischen Karren zu spannen.

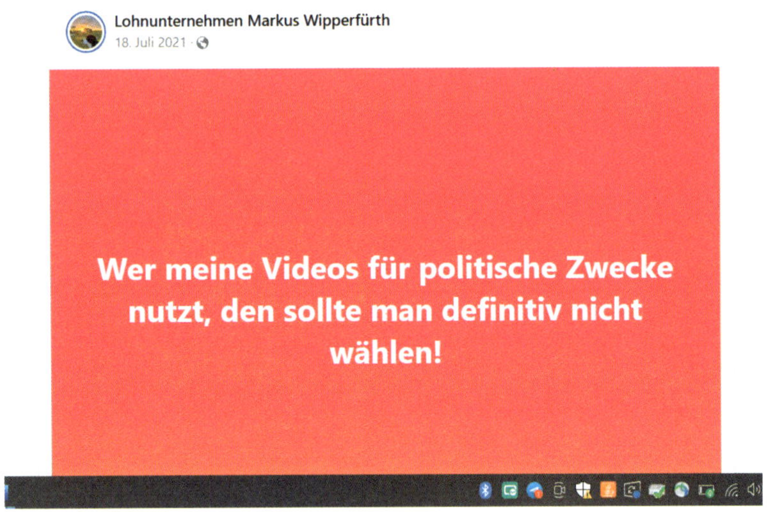

„Ich bin in keinster Weise politisch, bin auch in keinem Verein aktiv, auch nicht im LSV oder anderen landwirtschaftlichen Verbindungen. Ich bin nur zum Helfen hierhin gekommen“, betone ich immer wieder und versehe von der AfD geteilte Videos von mir mit nach unten zeigenden Daumen und der klaren Aussage „Björn Höcke finde ich 👎👎👎 !!!

Das nächste Problem sind die sich lichtenden Reihen der Helfer. Es ist Sonntagabend, viele müssen morgen wieder arbeiten, haben ihr Wochenende zum Helfen geopfert. Andere wurden durch den nervenaufreibenden Thriller um die Kostenübernahme verunsichert und haben sich auf den Heimweg gemacht. Plötzlich haben wir mehr Lade- als Transportfahrzeuge, brauchen dringend Erdmulden, Allradfahrzeuge oder Vierachs-Lkw, um die Ratio wieder in Gleichklang zu bringen.

Während Traktoristen wie ich die Nachhut bilden und nach der anfänglichen Erschließung des Ortes die Aufräumarbeiten weiter begleiten, macht Wilhelm Pionierarbeit, schlägt sich teils in Zusammenarbeit mit Feuerwehren mit seinem Geländewagen durch die Weinberge in bis dato noch unerschlossene Ortschaften durch, sieht Dinge, die ich mir in meinen schlimmsten Träumen nicht vorstellen mag, spricht selbst mit mir nicht über seine Erlebnisse, schickt mir lediglich Bilder der Lage vor Ort. Der Tenor ist immer derselbe: Die Ortschaften ahraufwärts sind wegen ihrer diffizilen Erreichbarkeit bezüglich der Aufräumarbeiten etwa zwei Tage zurück. Kaum sind diese Dörfer erreichbar, setzt auch hier der natürliche Automatismus ein, eine homogene Einheit von Fachleuten und ihren Maschinen kreiert einen funktionierenden, selbsterklärenden Arbeitskreislauf. Was wir auf Makroebene geschaffen haben – Fachkräfte mit Spezialmaschinen durch Aufrufe ins Ahrtal gebracht und mit Essen, Schlafmöglichkeiten und Reparaturdiensten versorgt –, sollte durch inzwischen legendäre Initiativen wie den Helfer-Shuttle oder die Dachzeltnomaden auf der Mikrokatastrophenebene für die händischen Helfer stattfinden. Das System ist immer dasselbe. Eine Rundumversorgung, eine Honorierung für die physisch und psychisch schwere Arbeit, die die Freiweilligen leisten. Das Mindeste, was man diesen systemrelevanten Gruppen zurückgeben kann.

Furchtbare Gerüchte machen derweil die Runde: Von 20 Toten, die in Kirchen, mal in Dernau, mal in anderen Orten gefunden werden, oder von beeinträchtigten Menschen in einem Heim in Sinzig, für die jede Hilfe zu spät kam. Letzteres sollte sich leider als grausame Wahrheit herausstellen, die Kirchenleichen jedoch mitnichten Menschen, die im Gotteshaus Zuflucht gesucht und jämmerlich ertrunken sind. Die Kapelle wurde lediglich als zentrale Sammelstelle für Verstorbene eingerichtet. Auch wenn wir auf die Kommunikation wichtiger Infos angewiesen sind, gilt es hier mehr denn je, die Spreu vom Weizen zu trennen und „Fake News" schnell auszusortieren.

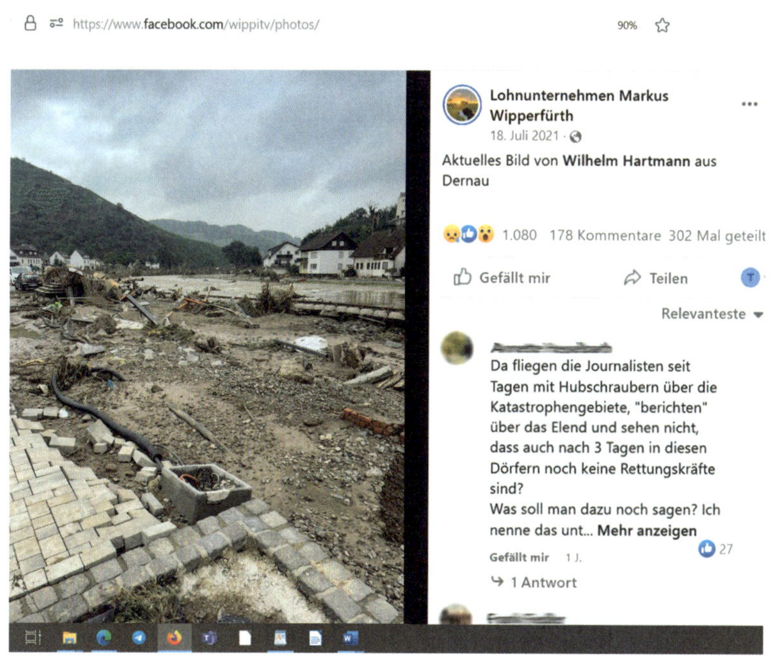

Auch an anderer Stelle lässt die Kommunikation immer noch zu wünschen übrig. Reparaturdienste, die wir zu bestimmten Stellen ordern, werden von der Polizei abgefangen, kommen nie am Zielort an. Bereitstehenden Baggern mit Erdkarren und Traktoren wird gesagt, man brauche sie nicht im Tal… „Die Polizei soll sich bitte mal da zurückhalten, die haben keine Ahnung, wofür die Fahrzeuge überhaupt nötig sind. Es wäre wirklich wichtig, dass die Fahrzeuge da ankommen, wo wir die hinschicken", schimpfe ich einem Live-Video. „Da waren Reifendienste bei, da waren Hydraulikfirmen bei, die hatte ich extra dahin geordert, damit die auch am Arbeiten bleiben. Hier stehen überall Radlader mit defekten Reifen. Das kann einfach nicht wahr sein, dass Fahrzeuge, die wir wirklich brauchen, nicht durchgelassen werden. Bitte gebt das durch, ich weiß, dass hier einige Politiker zuschauen.

Haltet euch einfach raus, dann läuft die Sache.

Da würdet ihr uns und den Leuten hier den größten Gefallen mit tun. Danke schön!", kommentiere ich mit Bitte um Weitergabe an die Verantwortlichen.

Der Tag ist eine einzige emotionale Achterbahnfahrt, die Gefühlswaschmaschine permanent im Schleudergang. Der Ablauf der Ereignisse wie ein nervenaufreibender Film, dessen dramatischer Spannungsbogen schließlich doch noch von einem Happy End gekrönt ist. Unser drohender vorzeitiger Abzug lässt mich bei einem abendlichen Gespräch mit Peter Eyberg die vergangenen vier Tage Revue passieren und intensiv reflektieren – nicht zuletzt meine eigene Metamorphose:

Meine ungewollte Evolution vom Pulheimer Landwirt und Traktoristen zum Kommunikationsknotenpunkt und Schwarzen Brett des Ahrtals.

Später sollte eine weitere Evolutionsstufe, die des Ahrtal-Dokumentators, dazukommen. Eine geplante Ausstellung meiner Videos in einem Museum ein Beweis für die zeitgeschichtliche Relevanz der ungeschönten Dokumentationen einer beispiellosen Katastrophenbewältigung mit all ihren Höhen und Tiefen. Und davon hatte es allein in den ersten 96 Stunden genug gegeben.

Trotz anfänglicher Zweifel zieht Peter nach seinem ersten Arbeitstag eine positive Bilanz: „Die Entscheidung war richtig, hierhin zu fahren, wir haben heute viel geschafft." Auch ihn hatte die Mär der nicht benötigten Hilfe und abgesperrten Straßen erreicht und Bedenken ausgelöst. Doch angesichts der Großschadenslage zu Hause seine tägliche Arbeit zu verrichten, kommt für ihn nicht infrage. „Dann haben wir als Familie gesagt, ich fahre. Der Rest der Familie muss natürlich zu Hause dafür mehr leisten, oder Freunde und Bekannte, um uns das zu ermöglichen." Mit seinem Weidemann ist er seitdem permanent im Einsatz. Die Erlebnisse des Tages haben ihn tief berührt, die bombastischen Naturgewalten, die Brücken und Autos wie Spielzeuge mitgerissen haben, die vielen ausgelöschten Existenzen, Menschen, die noch nicht einmal mehr eine Zahnbürste haben. Eheringe und Personalausweise, die er und andere Helfer in den Tiefen der Trümmer finden – Zeugen jener gelebten Leben. Die aufrichtige Dankbarkeit der Anwohner, die sich über jeden freuen, der mit Besen und Schippe anpackt oder nur ein offenes Ohr und eine Schulter zum Anlehnen bietet. Helfer, die hüfttief im Schlamm in dunklen Kellern Eimerketten bilden, alte Menschen, die durch den Dreck robben und ihren Familien helfen, Frauen mit Säuglingen, die mit anpacken.

Menschen, die noch nicht einmal mehr eine Zahnbürste haben.

„Was möglich ist, wenn Menschen was wollen, ist schon gigantisch", fasst Peter zusammen. Seine Bilanz: „Man kann sich über Abläufe oder Politik oder andere Leute aufregen, ich find's einfach positiv, man soll's machen für die Leute, die hier wohnen. Was wir hier heute alles bewegt haben, hätte keine Firma der Welt geschafft oder viele Firmen. Die Motivation ist gigantisch." Aus wahllos zusammengewürfelten Einzelkämpfern ist eine eingeschworene Einheit geworden, hat in so kurzer Zeit so viel bewegt, dabei grenzenlose Kreativität und Eigeninitiative gezeigt. „Machen, nicht reden, nur gemeinsam sind wir stark", hatte es ein Helfer, der mit nagelneuen Hoftracs angereist war, auf den Punkt gebracht.

„Hier wird Hilfe noch ganz, ganz lange gebraucht",

orakelt Peter und rät mit Blick auf die Zeit nach der immensen Ersthilfe: „Nichts überstürzen. Irgendwann können die Leute nicht mehr, auch finanziell nicht mehr, das kostet ja auch viel Geld seine Maschinen mitzubringen, und dann muss eine nächste Stufe der Gemeinschaft kommen und unterstützen. Ich seh' hier für Monate harte, harte Arbeit." Dementsprechend müsse auch für die zweite und dritte Hilfswelle noch Energie und Manpower übrig sein. Tatsächlich sind wir zurzeit mit Maschinen und Helfern gut versorgt und auch unsere Lebensmit-

tel und Hilfsgüterlager sind voll. Für Möbel und Sachspenden wie Kühlschränke, Küchen und Waschmaschinen ist es noch viel zu früh, die gefluteten Häuser sind nicht bewohnbar, werden es auf Monate hinweg nicht sein. Die Organisation und Verteilung von Einrichtungsgegenständen ferne Zukunftsmusik. „Das Ahrtal muss unterstützt werden, wenn hier wieder alles in Ordnung ist, macht euren Urlaub hier, geht hier 'nen Wein trinken, wir müssen die Leute hier unterstützen, dass hier wieder Einnahmen sind", werfe ich einen langfristigen Blick in die Zukunft.

Ich wünsche mir nichts sehnlicher als Entscheidungsträger, die wissen, wovon sie sprechen, jemand, der endlich mal die Zügel in die Hand nimmt. Eine übergeordnete Nummer, bei der Betroffene und Helfer sich melden können, statt meine Nummer konstant zu blockieren.

„Bitte, bitte, bitte, ruft mich nicht ständig an. Ich kann nicht mehr, ich geh' auch nicht mehr ran",

appelliere ich eindringlich, mir wenigstens eine kleine Telefonpause zu gönnen. Noch heute ist mein Handy durchgängig auf lautlos gestellt, ein Schutzmechanismus, den ich mit der Rückkehr in mein altes Leben aktiviert habe. Die Erinnerung des nicht enden wollenden Klingeltons, der untrennbar mit der bislang herausforderndsten Zeit meines Lebens verbunden ist, sitzt tief. Zum Glück kümmert sich seit Tag 1 ein gut ausgebautes landwirtschaftliches Netzwerk mit Anthony Lee und Christian Lohmeyer im Hintergrund darum, mir möglichst viele Anrufe abzunehmen. Die beiden kennen mich seit einigen Jahren, sind besorgt, **haben mich noch nie so am Limit gesehen wie jetzt**.

Morgen wird Anthony im Kleinen Schwarzen auf dem Beifahrersitz Platz nehmen und Telefondienst übernehmen, während ich arbeite. Anthonys Unterstützung verschafft mir eine längst überfällige Verschnaufpause: „Ich bin megafroh, dass du da bist. Jetzt soll ich noch die Feldjäger koordinieren. Ich kann auch nicht mehr, ein Telefonat nach dem anderen, ich bin am Ende mit meinen Redekräften, das passt nicht mehr. Ich brauch' Unterstützung und du bist gekommen und da möchte ich dir einfach für danken." Eben ist er im Ahrtal angekommen, geradewegs angereist von einer Podiumsdiskussion der Mittelstandsvereinigung Deutschland in Salzgitter, wo er rund 300 Mittelständlern und Politikern unter anderem auch von der Lage im Ahrtal berichtete. Als er mich am Abend auf einem Rundgang durch Walporzheim begleitet, kann er seinen Schock angesichts der Lage vor Ort nicht verbergen. „Ich bin total baff, was ich hier sehe und ihr habt ja schon vier Tage geräumt. Ich kann mir ja grob vorstellen, wie es hier aussah, aber das kriegst du in den Videos nicht ansatzweise mit, was hier los ist", berichtet er, während im Hintergrund Helfer um kurz vor 21 Uhr Besen und Arbeitsgerät in Baggerschaufeln abtransportieren und sich in den Feierabend verabschieden.

Auf dem knapp 20-minütigen Spaziergang durch das Walporzheimer „Epizentrum" bis zu unserer selbst organisierten Versorgungsstation diskutieren wir den kürzlich eingegangenen Anruf der Feldjäger, die ich nun auch noch koordinieren soll, toll geschriebene Katastrophen-einsatzpläne, die aber murks sind („wenn nach vier Tagen solche Abläufe nicht greifen, dann musst du an dem Konzept arbeiten und vor allem muss man auch daraus lernen"), Kompetenzgerangel und -wirrwar als Wurzel des Komplettversagens („Ich hab' ja Afrika bereist, ich garantier' dir, es wär' da schneller gegangen. Aber wir sind Industrienation Nr. 1 in Europa, und es klappt ja gar nichts mehr"), mangelnde Einsatzbefehle („Auf dem Weg hierhin kamen mir vier Züge Feuerwehr, fünf, sechs Züge THW entgegen, alle fahren nach Hause. Und dann seh' ich das hier"), eine für genau solche Katastrophen ausgebildete und ausgerüstete Einheit in Niedersachsen, die als autarkes Ersthelfersystem funktioniert, und noch nicht einmal alarmiert wurde, sowie die immer wieder verstörenden Aussagen, die Helfer würden hier nicht gebraucht, würden gar stören und für Verwirrung sorgen.

Ein Schlag ins Gesicht für alle Freiwilligen, die hier seit Tagen am Malochen sind.

„Wenn wir nichts gemacht hätten, wir würden hier nicht gehen können. Hier wären drei Meter hoch Holz, Autos, Wirrwarr", stelle ich einmal mehr klar. „Ich weiß, dass am Nürburgring Einsatzkräfte stehen bis zum Abwinken gerade, da ist alles rot und blau. Warum ist hier keiner?", ringt Anthony um Fassung angesichts des Anblicks, der sich ihm bietet. Meterhoher Hausrat vor den Häusern, wild verstreute Gasflaschen auf der Straße, kein Sanitäter weit und breit.

„Wir popeln mit dem Bagger im Schutt rum, wo Gasflaschen liegen", bestätige ich. „Und Leichen", ergänzt Anthony. „Ja, ich muss das ja mal so sagen, es ist ja so. Es ist ja nicht so, dass ihr hier nur mal so ein bisschen aufräumt nach einem Osterfeuer. Für den einfachsten Schrott brauchst du in diesem Staat Genehmigungen, aber hier ist ja gerade Wildwest, hier macht ja jeder, was er will." Ein Anwohner, der sich vor den Fluten in den ersten Stock retten konnte, hatte ihm von verzweifelten Schreien auf den Straßen berichtet, die sich nur Minuten später in absolute Totenstille verwandelten. „Wie auf der Titanic. Da wird dir doch ganz anders."

Wir sind uns einig: Es kann nicht sein, dass man im besten Deutschland aller Zeiten jemanden kennen muss, der jemanden kennt, der wiederum jemanden in der Politik kennt, um selbst die einfachsten Dinge, die untersten Stufen der Katastrophenbewältigung, in Gang zu setzen. „Das ist doch nicht normal. Das muss doch von alleine greifen. Da muss doch normalerweise ein Rad ins andere greifen, hier greift ja gar nichts ineinander momentan", ist Anthony immer noch fassungslos. Auch die Feldjäger haben sich lediglich aufgrund meiner Videos gemeldet. „Wenn wir jetzt in Zukunft Videos machen müssen von dir, dass mal was passiert, dann ist es aber in diesem Land...", versucht Anthony die absurde Situation in Worte zu fassen. Ironischerweise belegen meine Videos – ursprünglich eine Imagekampagne für die deutschen Bauern – während der Katastrophenhilfe am eindrucksvollsten, warum die Landwirtschaft für Deutschland wichtig ist. Zumindest in Walporzheim sähe die Lage ohne all die Facharbeiter aus Landwirtschaft, aber auch Gala-Bau, Forstwirtschaft und dem Bauwesen immer noch ganz anders aus. „Der Mittelstand ist hier, der hält uns am Leben", schlussfolgert Anthony und fordert, den Helfern mit ihren teuren Maschinen nach vier Tagen kostenfreier Arbeit wenigstens die Auslagen und Maschinenstunden zu ersetzen. „Ganz ehrlich, das muss der Staat machen, wofür zahlen wir denn alle Steuern?", will er wissen angesichts kaputter Reifen, die bislang von Spenden finanziert werden mussten. „Wenn wir nur noch Verwaltungsbeamte hätten, was wär' denn dann?", fragt er mit Blick auf unsere stetig gewachsene Community vor Ort, all jene Vertreter des Mittelstandes, die nach einem harten Arbeitstag aus der Dusche kommen, sich beim wohlverdienten Abendessen mit den Einheimischen austauschen – „fix und fertig, aber glück-

lich, weil sie was geschafft, was Gutes getan haben. Die werden das ihr Leben nicht vergessen", prophezeit Anthony.
Tatsächlich gibt es schon Planungen für ein groß angelegtes Weinfest in genau einem Jahr, an dem sich alle wieder treffen wollen. „Mich würd's freuen, wenn in einem Jahr wieder alles läuft und hier ein wirklich geiles Weinfest stattfindet, wir müssen den Leuten einfach helfen, auch als Urlaubsstandort", wiederhole ich meinen Appell zur nachhaltigen Hilfe lange über den akuten Katastrophenfall hinaus.

Das Video hat anscheinend den Nerv der Zeit getroffen, etwas in den Menschen ausgelöst, und sollte in den nächsten Tagen nochmal für einen mega Schub sorgen. Allein 4,7 Millionen Menschen hatten es sich auf Facebook angeschaut.

„Genießt euer Leben, genießt, dass ihr die Probleme nicht habt, damit relativieren sich wirklich ganz viele Probleme, die man so im täglichen Leben empfindet, wenn man einfach mal hier in ein Haus reingeht und sieht, was alles passieren kann", gebe ich meiner Community noch mit auf den Weg an diesem lauen Sommerabend.

Es ist bereits dunkel, die Sonne längst hinter den Weinbergen versunken, als ich den Kleinen Schwarzen in der Grafschaft für die Nacht parke und mein E-Mobil gen Heimat lenke.

„Was für ein Tag.

Tag 5 | 19. Juli 2021

Noch immer ist an normalen Schlaf nicht zu denken, mein Kopf weiterhin rund um die Uhr im Ahrtal-Modus.

Erst nach 14 Tagen sollte es mir endlich wieder möglich sein, ein paar Stunden am Stück durchzuschlafen, erstmals wieder in den Genuss eines halbwegs erholsamen Schlafes zu kommen.

Schon um 6.23 Uhr sitze ich wieder im Auto gen Ahrtal, richte mich in meinem ersten Aufruf des Tages speziell an Mietfirmen, bitte um elektrische Schubkarren, die jeder ungefährlich bedienen kann. Nachdem wir mit Großmaschinen zurzeit bestens versorgt sind, sind dies die Kleingeräte der Stunde, werden dringend gebraucht, um Keller, Wohnräume und Gärten zu räumen.

Lohnunternehmen Markus Wipperfürth
19. Juli 2021

In Kreuzberg wird dringend ein Werkstattwagen mit Schweißgerät gebraucht!!!! Kontakt über W. Hartmann

Lohnunternehmen Markus Wipperfürth
19. Juli 2021

Kein mobiler Reifendienst mehr da!!! Fahrzeuge stehen!!! Bitte zum Kirchplatz kommen!!

Lohnunternehmen Markus Wipperfürth
19. Juli 2021

Wir brauchen dringend Kehrmaschinen mit Wassertank!!!!
Bitte kommen und sofort kehren!!!!

Lohnunternehmen Markus Wipperfürth
19. Juli 2021

Lieber Markus,
eine meiner besten Freundinnen aus Stommeln hat mich angeschrieben, um Dich um Hilfe zu bitten!

„… hat der Markus Wipperfürth Kontakte in Ahrweiler? … bräuchte dringend einen Bagger"

Du kannst Dich natürlich nicht um Einzelschicksale kümmern!
Aber wer könnte ihr helfen, an wen soll sie sich wenden – hast Du einen Tipp!?
Danke 🙏

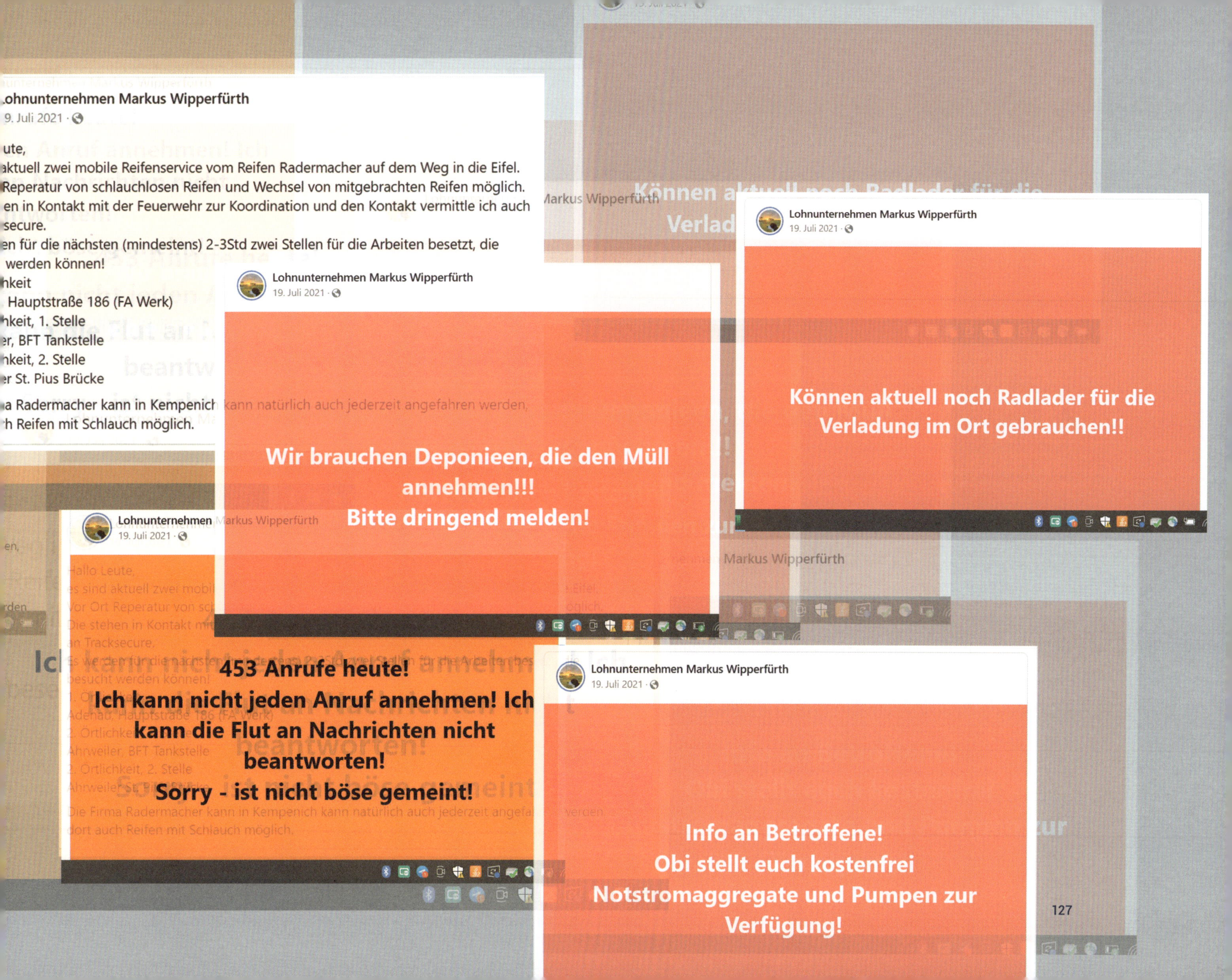
ohnunternehmen Markus Wipperfürth
9. Juli 2021 ·
ute,
aktuell zwei mobile Reifenservice vom Reifen Radermacher auf dem Weg in die Eifel.
Reperatur von schlauchlosen Reifen und Wechsel von mitgebrachten Reifen möglich.
en in Kontakt mit der Feuerwehr zur Koordination und den Kontakt vermittle ich auch
secure.
en für die nächsten (mindestens) 2-3Std zwei Stellen für die Arbeiten besetzt, die
werden können!
hkeit
Hauptstraße 186 (FA Werk)
hkeit, 1. Stelle
er, BFT Tankstelle
hkeit, 2. Stelle
er St. Pius Brücke
a Radermacher kann in Kempenich kann natürlich auch jederzeit angefahren werden,
h Reifen mit Schlauch möglich.
Lohnunternehmen Markus Wipperfürth
19. Juli 2021 ·
Wir brauchen Deponieen, die den Müll annehmen!!!
Bitte dringend melden!
Lohnunternehmen Markus Wipperfürth
19. Juli 2021 ·
Können aktuell noch Radlader für die Verladung im Ort gebrauchen!!
Lohnunternehmen Markus Wipperfürth
19. Juli 2021 ·
453 Anrufe heute!
Ich kann nicht jeden Anruf annehmen! Ich kann die Flut an Nachrichten nicht beantworten!
Sorry - ist nicht böse gemeint!
Lohnunternehmen Markus Wipperfürth
19. Juli 2021 ·
Info an Betroffene!
Obi stellt euch kostenfrei Notstromaggregate und Pumpen zur Verfügung!

Heute Morgen bin ich nicht allein, auf dem Beifahrersitz Anthony Lee, der auf meinem Trecker den Telefondienst übernehmen und mich somit entlasten wird. Nicht nur deshalb ist der heutige Tag ein Hoffnungstag für mich. Viele Politiker hatten sich in den vergangenen Tagen bei mir gemeldet, unter anderem auch Julia Klöckner, heute kommt sie nach Walporzheim, will sich vor Ort ein Bild der Lage machen. Ihr Besuch der Beweis, dass die Katastrophe größer ist als jede Befindlichkeit, jede Meinungsverschiedenheit in der Vergangenheit. Denn als die für meinen Berufsstand zuständige Ministerin war sie oft mein Angriffsziel, Thema nicht gerade freundlicher Posts, in denen ich mich kritisch über ihre politischen Entscheidungen äußere.

Unser letzter Kontakt war ein besonders denkwürdiger – September 2020, bei einem Treffen der EU-Landwirtschaftsminister. Klöckner und ihre Amtskollegen auf einem Schiff auf der Mosel, links und rechts begleitet von laut hupenden Konvois unzufriedener Landwirte, ich mittendrin am Filmen, um den Protest in die Welt hinauszutragen. Eine zwar friedliche, aber dennoch energiegeladene Demonstration, die an niemandem vorbei geht, fast tut mir unsere Ministerin leid. Wir machen sogar das Restaurant ausfindig, in welchem die Politiker speisen, es kommt zu einem nicht gerade freundlichen Wortwechsel.
Hielt ich Klöckner früher für einen Spielball der Ideologen, fühlte mich als Landwirt nicht angemessen repräsentiert, so muss ich durch das Ahrtal meine Einschätzung gründlich revidieren, zolle ihr höchsten Respekt für ihren Einsatz. Als einer der ersten Politiker lässt sie sich in Walporzheim blicken, wird umgehend zur Zielscheibe der frustrierten Anwohner, die fünf Tage auf einen offiziellen Ansprechpartner warten mussten. Ihr Ärger, ihre Verzweiflung sind nachvollziehbar, und Klöckner stellt sich dem Frust mit offenen Ohren. Hört sich genau an, woran es hapert, was wir benötigen, setzt sich umgehend für Lösungen ein, lässt im Hintergrund ihre Connections spielen, besorgt uns Arbeitsschuhe, Schaufeln, Gummistiefel, Dixis, Handschuhe, Taschenlampen und Reifendienste.

„Was die Landwirte hier machen, ist so beispielhaft, das ist einfach Solidarität."

„Sie setzen Geld, Zeit, Gerätschaften und vieles ein. Deshalb bin ich dankbar, dass gerade die Landwirte sagen, wir kommen jetzt nicht her, um erst geklärt zu haben, was wir finanziert kriegen, sondern wie wir helfen können. Und darum geht's uns allen", bricht sie eine Lanze für den Berufsstand ihres Ministeriums und auch ich muss Danke sagen. Als Bundeslandwirtschaftsministerin ist Katastrophenbewältigung nicht ihr Ressort. Trotzdem stellt sie sich den Menschen, zeigt SolidAHRität, ist eine von wenigen Politikern, die sich dieser Tage in diesem Teil

des Krisengebietes sehen lassen. Es hätten sich besser mal andere blicken lassen, diejenigen, die die Verantwortung hier haben, denke ich.

Und in Klöckners Fall ist es mit einer kurzen Stippvisite und vollmundigen Versprechungen auch nicht getan. Neben all den essentiellen Dingen, die sie für uns beschafft, sollten wir bereits Stunden vor ihrem Besuch eine große Veränderung in Walporzheim wahrnehmen. Alle Organisationen, die wir bislang vermisst haben, scheinen sich plötzlich eingefunden zu haben. **„Ich hab' schon fünf Sanitäter gesehen, THW ist hier, Feuerwehr ist hier, jetzt hat sich anscheinend was getan."**

Die medizinischen Fachkräfte können sich nun endlich um Menschen wie jenen Anwohner kümmern, der schon seit Tagen mit einer selbst verbundenen Schnittwunde rumläuft, keine Möglichkeit für ärztliche Versorgung hat und dringend welche bräuchte. „Wenn man das Luftbild sieht vom Nürburgring, da ist im Prinzip das, was wir hier brauchen. Da stehen die Sanitäter. Kann das nicht mal einer kommunizieren oder müssen wir das jetzt hier über den Kanal kommunizieren?", fühle ich mich schon wieder in die Rolle des virtuellen Schwarzen Brettes, des Kommunikationsknotenpunktes, gedrängt. Eine Aufgabe, die eigentlich in hoheitliche Verantwortung fällt. Ersthelfer wären auch bei den teils riskanten Aufräum-

18:50
23 %
Klöckner
Montag, 19. Juli 2021 • 11:50
Lieber Herr Wipperfürth,
neben 30 bis 50 Dixis
habe ich noch 1 großes
Wasserkehrfahrzeug inkl.
Fahrer für 3 Tage
Falls Sie's brauchen.
Bin jetzt mit der VG
Bürgermeisterin in
Kontakt.
LG Julia Klöckner
Sehr gut!
Montag, 19. Juli 2021 • 14:03
Lieber Herr Wipperfürth!
Bei mir wird es etw später,

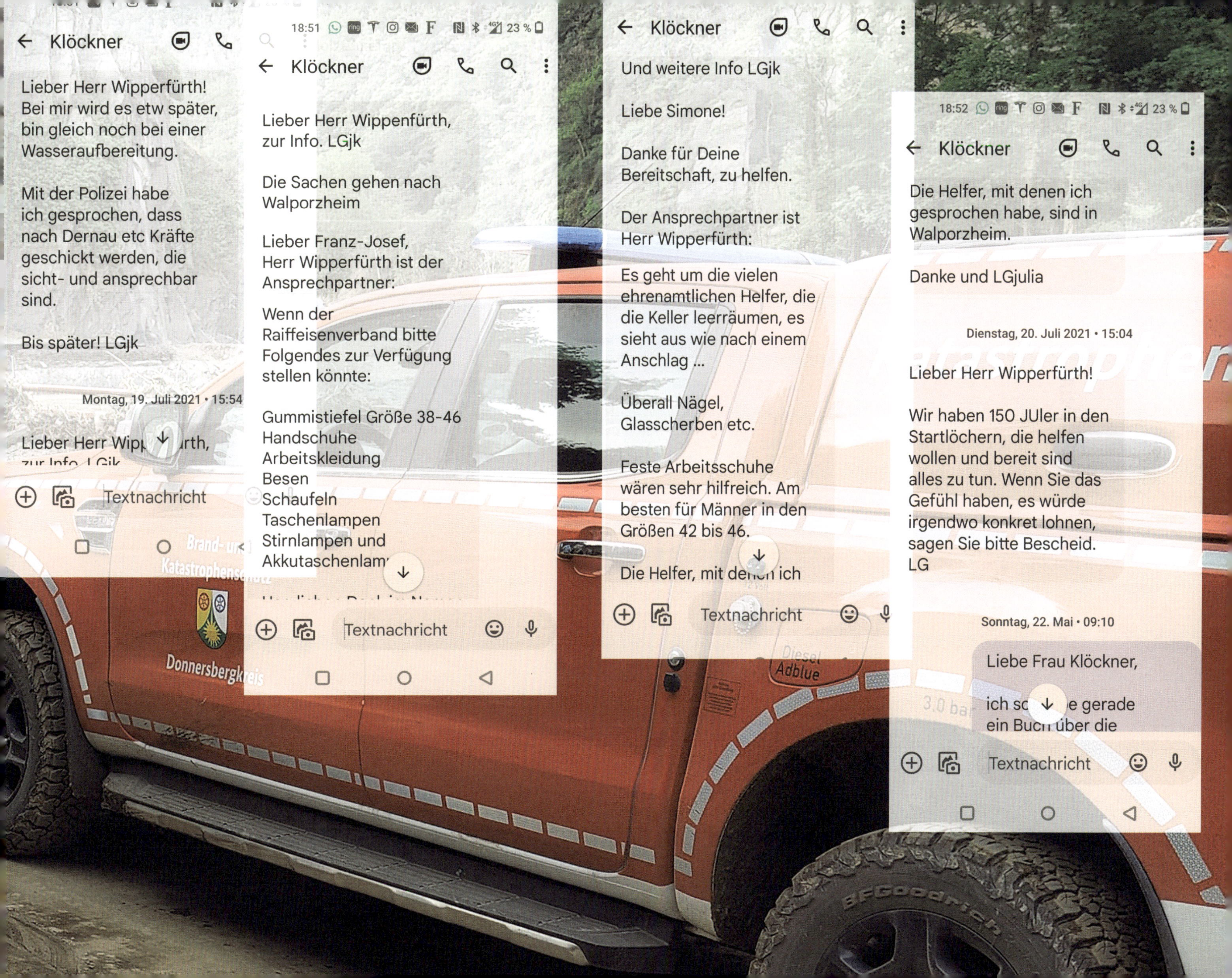
Klöckner
Lieber Herr Wipperfürth!
Bei mir wird es etw später, bin gleich noch bei einer Wasseraufbereitung.
Mit der Polizei habe ich gesprochen, dass nach Dernau etc Kräfte geschickt werden, die sicht- und ansprechbar sind.
Bis später! LGjk
Montag, 19. Juli 2021 • 15:54
Textnachricht
18:51
23 %
Klöckner
Lieber Herr Wippenfürth, zur Info. LGjk
Die Sachen gehen nach Walporzheim
Lieber Franz-Josef, Herr Wipperfürth ist der Ansprechpartner:
Wenn der Raiffeisenverband bitte Folgendes zur Verfügung stellen könnte:
Gummistiefel Größe 38-46
Handschuhe
Arbeitskleidung
Besen
Schaufeln
Taschenlampen
Stirnlampen und
Textnachricht
Klöckner
Und weitere Info LGjk
Liebe Simone!
Danke für Deine Bereitschaft, zu helfen.
Der Ansprechpartner ist Herr Wipperfürth:
Es geht um die vielen ehrenamtlichen Helfer, die die Keller leerräumen, es sieht aus wie nach einem Anschlag ...
Überall Nägel, Glasscherben etc.
Feste Arbeitsschuhe wären sehr hilfreich. Am besten für Männer in den Größen 42 bis 46.
Textnachricht
18:52
23 %
Klöckner
Die Helfer, mit denen ich gesprochen habe, sind in Walporzheim.
Danke und LGjulia
Dienstag, 20. Juli 2021 • 15:04
Lieber Herr Wipperfürth!
Wir haben 150 JUler in den Startlöchern, die helfen wollen und bereit sind alles zu tun. Wenn Sie das Gefühl haben, es würde irgendwo konkret lohnen, sagen Sie bitte Bescheid. LG
Sonntag, 22. Mai • 09:10
Liebe Frau Klöckner,
Textnachricht
Brand- und Katastrophenschutz
Donnersbergkreis
Adblue
BFGoodrich

oder Bauarbeiten nicht fehl am Platz. So arbeitet Zintel mit schwersten Maschinen direkt neben tiefen Abgründen ohne medizinische Versorgungsmöglichkeiten in unmittelbarer Nähe. „Das kann doch nicht wahr sein. Die Straße hoch stehen Kräfte ohne Ende und die können natürlich nicht selbstständig sagen, wir fahren jetzt dahin. Der Soldat braucht einen Befehl oder einen Auftrag, fahrt dahin. Feuerwehr genau das Gleiche. Wenn sie den nicht kriegen, können die das nicht machen, dürfen es nicht machen. Das verstehen wir ja auch, aber das sind paar Kilometer bis hierher, und hier ist kein Mensch. Das muss man doch mal sagen dürfen“, macht Anthony seinem Ärger Luft und wieder erklären wir, dass sich unsere Kritik keinesfalls gegen all die hoch motivierten Kräfte von Bundeswehr, Polizei, Feuerwehr und THW richtet, die gerne helfen wollen, aber nicht dürfen.

Die Kritik muss oben ansetzen.

„Es geht in keinster Weise gegen die freiwilligen Helfer, die uns zu Tausenden anrufen. Die wollen alle, die Hilfsbereitschaft ist sensationell. Teilweise werden die nicht losgelassen, ihren Job zu machen.“ Die nicht erfolgten Einsatzbefehle – so wird uns immer wieder zugetragen – scheinen darin begründet, dass einige Führungsstäbe anscheinend immer noch nicht wissen, was hier los ist, keinen Überblick über das Ausmaß der Katastrophe haben. Bestes Beispiel dafür ist die nicht nachlassende Anzahl von Feuerwehr- und Polizeiautos, die versucht via der bekanntermaßen zerstörten Bundesstraße nach Marienthal und Dernau zu gelangen. „Also irgendwas scheint auf irgendeiner Führungsebene – auf welcher auch immer – zu haken. Milde ausgedrückt“, fasst Anthony zusammen.

Auch Politiker, die sich inzwischen zuhauf bei mir melden, sind geschockt, dass wir an Tag 5 noch immer ohne Offizielle dastehen, die sagen, „alles klar, wir sind verantwortlich, wir übernehmen“. „Und das ist der einzige Kritikpunkt, den wir haben“, betont Anthony einmal mehr. „Wo sind die ausgebildeten Menschen, die hier das ganze Ding in die Hand nehmen, die mir sagen, was ich zu machen hab‘, wo ich fahren kann, wo ich nicht fahren darf, dass ich sicher bin, wenn mir was passiert, dass ich gerettet werde – das bin ich alles nicht. Als wir hier am Anfang an der Ahr gefahren sind, da war die Straße halb weggeschwemmt, ich war mir nie sicher, Markus, ist das Risiko zu hoch oder gehst du es ein? Da fehlen mir die Leute. Mir werden jetzt privat E-Mails geschickt von Fachleuten, die so etwas überprüfen können.“

Doch das Blatt scheint sich gewendet zu haben.

Auch die Feldjäger aus Köln haben ihr Versprechen wahrgemacht, sind unter anderem mit Diesel gekommen. Feuerwehr und THW sind präsent und Major Dennis und Team unterstützen Zintel fortan bei der Wiederherstellung der Bundesstraße.

Kurzum: Es läuft an Tag 5 so, wie wir es uns an Tag 2 gewünscht hätten.

Mit ihrem Engagement, ihrem Kümmern ist Julia Klöckner Teil der Eimerkette geworden. Ganz im Gegensatz zu so manchen ihrer Kollegen, die sich mit reinen Lippenbekenntnissen im Gepäck für einen kurzen Besuch einfliegen lassen und das Katastrophengebiet schnell wieder verlassen. Ihnen widme ich als Seitenhieb einen entsprechenden Post: „Volksnähe demonstrierst du nicht durch einen kurzen Besuch im Krisengebiet! Du musst schon Glied einer Eimerkette werden!"

Klöckners Besuch ist nicht nur ein Hoffnungsschimmer für Betroffene und Helfer. Er ist auch ein Zeichen, dass sich „jemand mal dazu bekennt, dass hier die Landwirte diejenigen sind, die den Schlamassel hier aufgeräumt haben und den Leuten hier erste Hilfe geleistet haben", freue ich mich über die Wertschätzung und Anerkennung.

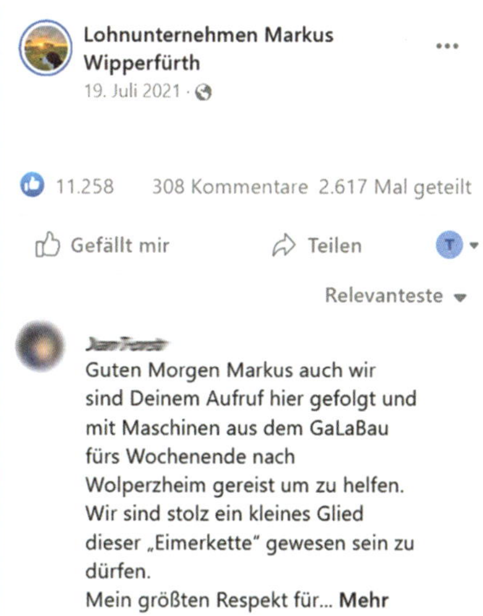

Die guten Nachrichten reißen nicht ab: Heute bin ich erstmals auf der anderen Seite der zerstörten Bundesstraße. Ein Fußweg ist bereits vorhanden, Zintel schätzt, dass die Straße morgen Mittag mit einer glatten Schottertragschicht für den Notverkehr freigegeben werden kann.

Damit gibt es endlich den dringend benötigten Rettungsweg für die Ortschaften hinter Walporzheim, und Zintel kann nach drei Tagen zum ersten Mal schlafen. Gerüchten zufolge wurde außerdem der Führungsstab des Kreises aufgelöst, die Verantwortung der Katastrophenbewältigung an die ADD übergeben. Inwieweit dies positiv ist, können wir noch nicht beurteilen, wissen nur: Schlimmer kann es nicht werden, die Existenz eines Führungsstabs war für uns sowieso weder erkennnoch spürbar. Dafür hat sich in Walporzheim ein Vor-Ort-Krisenstab gegründet, mit dabei auch Holger, Feuerwehrmann, Betroffener und Inhaber unserer Versorgungsgarage, was mich riesig freut.

Heute ist wahrlich ein Hoffnungstag.

Ein Tag, wo ich denke, es geht genau in die richtige Richtung. Endlich ist was am Rollen, endlich kommt Fahrt auf, es läuft rund, so, wie ich es mir von Anfang an vorgestellt habe. Die neue Kippstelle hat sich bereits bestens bewährt, immer noch kommen neue Helfer mit teils nagelneuen Maschinen, reisen oft bis zu neun Stunden an. Die Feuerwehr-Kameraden sind erleichtert, dürfen endlich das tun, was sie schon seit Anbeginn wollen: helfen. Gegenüber der Kapelle hat ein Reifenreparateur seine Arbeit aufgenommen, etwas weiter hinten steht ein Werkstattwagen. Beides systemrelevant für uns, die Gummireifen unserer Maschinen sind nicht für Fahrten durch scharfkantigen Bauschutt geeignet. Auch heute stehen mehr Kleinmaschinen mit platten Reifen als fahren. Die Reparaturwagen sind in Dauerbetrieb, trotzdem entsteht Rückstau.

Lohnunternehmen Markus Wipperfürth
19. Juli 2021 ·

Hallo Leute,
es sind aktuell zwei mobile Reifenservice vom Reifen Radermacher auf dem Weg in die Eifel.
Vor Ort Reperatur von schlauchlosen Reifen und Wechsel von mitgebrachten Reifen möglich.
Die stehen in Kontakt mit der Feuerwehr zur Koordination und den Kontakt vermittle ich auch an Tracksecure.
Es werden für die nächsten (mindestens) 2-3Std zwei Stellen für die Arbeiten besetzt, die besucht werden können!
1. Örtlichkeit
Adenau, Hauptstraße 186 (FA Werk)
2. Örtlichkeit, 1. Stelle
Ahrweiler, BFT Tankstelle
2. Örtlichkeit, 2. Stelle
Ahrweiler St. Pius Brücke
Die Firma Radermacher kann in Kempenich kann natürlich auch jederzeit angefahren werden, dort auch Reifen mit Schlauch möglich.

hier mieten !
CAT

Währenddessen sind zwei Mädels mit dem Bollerwagen unterwegs, bringen Kaffee und Kuchen zu Helfern und Betroffenen, die sich ohne Strom, Wasser und Elektrogeräte noch nicht einmal eine Tasse Kaffee oder was Warmes zum Essen machen können: „Viele kommen hier bei der ganzen Arbeit gar nicht zum Essen oder zum Schlafen und da hilft ein bisschen Kaffee schon", erklären die beiden lächelnd, froh, ihren Beitrag leisten zu können.

Ein paar Meter weiter wird gerade Essen verteilt: „Wir haben uns gedacht, nur zugucken, das hilft nicht, wir fahren raus und bringen 300 Portionen Würstchen-Gulasch mit und verteilen die hier auf der Straße. Die Leute sind sehr dankbar, haben teilweise seit fünf Tagen nichts Warmes gegessen, da erreicht man auf jeden Fall was mit", berichtet ein Kölner Gastronom.

„Hier wird sich wirklich um uns gekümmert. Heute sind ganz viele Herzen hier", kommentiere ich diese gelebte SolidAHRität. Auch in Holgers Versorgungszentrum wird reichlich und gut aufgetischt. „Hier riecht es so dermaßen gut, ich bin froh, dass der Geruch nicht übertragen wird, sonst würdet ihr auch alle kommen", mache ich den Zuschauern die Zähne lang. „Man muss auch mal Glück haben im Leben", meint Anthony, denn das Rinderfilet auf seinem Teller ist den kaputten Gefrierschränken eines Klosters geschuldet, und fügt grinsend hinzu: „Es sei denn, man ist Veganer...."

Unter den Helfern, die am dauerbetriebenen Grill anstehen, sind auch zahlreiche Polizeischüler. Zum offiziellen Polizei-Shirt tragen sie Gummistiefel und Hosen, bis zum Bund mit Schlamm beschmiert, haben wahrscheinlich Keller ausgepumpt oder leer geschippt, ihr Einsatz von der Gewerkschaft organisiert. Ihren Aufzug nehme ich zum Anlass für einen erneuten Aufruf für Sicherheitsschuhe und Arbeitshandschuhe. „Das ist das Wichtigste, was man spenden kann im Moment." Neben monetären Spenden natürlich, denn bei Tausenden von Menschen, die teils nicht einmal mehr eine Tasse oder Schuhe ihr Eigen nennen, sind diese essentiell.

Die Community meint es sicher gut, wenn sie uns Helfern Geld für unsere Arbeit anbietet, doch ich betone immer wieder: **„Gebt das Geld bitte den Leuten, die es brauchen, organisiert euch, macht Spendenaktionen."** Ein Video der Aufräumarbeiten untermauert meinen Appell: „Hier ist einfach alles weg, die Leute haben hier gar nichts mehr. Erster Stock – alles nicht mehr vorhanden. Fotoalben oder egal, was man persönlich für wichtig erachtet hat, ist weg", kommentiere ich, während die Kamera über ein matschiges Chaos aus Wäscheständern, Blumentöpfen und Geschirr schweift. Im Hintergrund das metallisch-knirschende Geräusch des Sortiergreifers, der die persönlichen Erinnerungen, die gesammelten Jahre, Haufen für Haufen auflädt für die letzte Reise zur Deponie.

„Das Leben der Betroffenen liegt auf der Straße, die Flut hat ihnen teilweise alles genommen, ihnen nur noch die Kleider am Leib gelassen, hat sie degradiert, entmündigt, abhängig gemacht.

Deshalb immer wieder mein Spendenappell: „Wer helfen möchte, wer was Gutes tun möchte, bitte den Leuten, die es brauchen und keinem anderen."

Trotz oder gerade wegen der schlimmen Katastrophe sind die Menschen zusammengewachsen, leisten Unvorstellbares.

„Ich weiß nicht, ob einer von euch freiwillig hier 'ne ganze Woche arbeiten würde und dabei Geld verbrennen würde, dafür dass er arbeitet und dann noch abends ein Hotel sich suchen muss, kein Wasser hat und nicht duschen kann. Das alles trifft hier zusammen. Die mobilen Duschen sind ja jetzt hier, aber es ist einfach wahnsinnig, was die Leute hier bereit sind, auf sich zu nehmen. Und die machen das gerne."

Genauso hatte ich mir das Szenario ursprünglich vorgestellt. Wir kommen an, eine rudimentäre Struktur steht, es ist für alles gesorgt, die üblichen Hilfsorganisationen sind vor Ort und ich fahr' einfach nur Trecker und mach' meine Arbeit. Angesichts der deutlichen Hoffnungszeichen bin ich guter Dinge, dass wir auf dem richtigen Weg sind, miteinander weiterarbeiten können. „Das ist das, was wir wollen und wo es hingehen sollte." **Jetzt fehlt nur noch eins zu meinem allergrößten Glück: Endlich eine offizielle Telefonnummer.** An Ironie nicht zu überbieten, klingelt mein Handy permanent, während ich diesen Wunsch in einem Live-Video formuliere.

Ein paar Wermutstropfen gibt es auch am heutigen Tag: Trotz unserer neuen Kippstelle gehen uns angesichts der Unmengen von Hausrat und Sperrmüll die Ablademöglichkeiten aus. Vorschläge, den Müll zu schreddern, sind wegen der darin befindlichen Gefahrenstoffe wie Gasflaschen leider nicht praktikabel, auch können die Berge nicht vor Ort sortiert werden, müssen im Ganzen abtransportiert werden. Komplette Einrichtungen aus Keller, Erdgeschoss und oberen Stockwerken von Hunderten von Leuten landen auf der Straße, müssen dringend entsorgt werden. Nur leer und trocken haben die Häuser eine Chance für den Wiederaufbau. „Wir wollen den Müll auf Sattelzüge verladen und zu Deponien bringen. Das müssen wir jetzt mal abklären, wo wir hinfahren können", gebe ich das Ziel für den Tag vor, als ich um 7.30 Uhr erstmals den neu angelegten Fußweg an der zerstörten Bundesstraße nutze, um zu schauen, wie es auf der anderen Seite der fehlenden Straße aussieht. Auch hier werden mit Hochdruck Aufräumarbeiten durchgeführt.

Ein paar Stunden später erfahre ich, dass wir Lkw für den Müllabtransport zur Verfügung gestellt bekommen. Um den Abtransport zu erleichtern und die Bundesstraße auch irgendwann wieder in beide Richtungen befahren zu können, schieben wir kleine Parkbuchten inmitten der Müllberge frei. „Wir sehen ein Problem und wir packen an, bei anderen Leuten muss das erstmal diskutiert und besprochen werden“, erkläre ich unseren bislang erfolgreichen Modus Operandi und bin guter Hoffnung für die Zukunft: „Wir schaffen das gemeinsam, wir sind wirklich auf 'nem guten Weg, dass es irgendwie wieder weitergehen kann für die Menschen. Wir geben alles, um alles freizuräumen. Das klappt wunderbar.“ Unsere Sorge der schwindenden Helferzahlen erweist sich ebenfalls als unbegründet. Schon jetzt haben sich Helfer für das Wochenende angekündigt.

Aber auch an den Wochentagen, wie dem heutigen Montag, können wir uns nicht über zu wenige Helfer beschweren, die statt Geld zu verdienen den Menschen in dieser Notsituation zur Seite stehen und helfen. „Vielleicht kann man ja auch mal drüber nachdenken, ob die Leute vielleicht entlohnt werden irgendwann“, gebe ich zu bedenken, als schwere Spezialmaschinen im Minutentakt an uns vorbeifahren, alles Unternehmer, die durch ihren Einsatz hier auf ihre normalen Geldquellen verzichten, ihre Dienste kostenfrei zur Verfügung stellen. „Das

ist ein Muss. Jetzt mal ganz ehrlich. Keiner will die Arbeit bezahlt bekommen, das machen wir alles ehrenamtlich, aber das ist doch wohl das Mindeste, wenn man hier schon hoheitliche Aufgaben wahrnimmt, dass man zumindest für den Maschineneinsatz entschädigt wird", bekräftigt Anthony und rechnet die immensen Kosten für Verschleiß und beschädigte Teile wie Reifen exemplarisch vor: „So ein Reifen vom Schlepper, das geht da ab 1500 Euro für den Vorderreifen los und bei den Hinterreifen bist du bei 2500 Euro."

Als echtes Problem erweist sich der witterungsbedingt trocknende Schlamm, der zu extremer Staubentwicklung führt. Deshalb mein dringender Aufruf für Kehrmaschinen, die im Nassreinigungsmodus durch die Straßen und Gassen fahren. Denn ist die teils zentimeterdicke Schlammschicht erst einmal getrocknet, ist sie fast unmöglich zu entfernen. Nicht nur bei mir sorgt der Staub, eine nicht gerade gesundheitsförderliche Mischung unter anderem aus Fäkalien, Heizöl, Chemikalien und Dreck, für nervigen Reizhusten, der in meinen Live-Videos immer wieder Anlass für besorgte Kommentare ist.

Enttäuschend auch das Ergebnis meiner Kommunikation mit einer Koblenzer Behörde, die ich um Amtshilfe einer Hundestaffel aus NRW bitte, die abfahrtbereit in den Startlöchern steht, gerne helfen möchte, in nur einer Stunde schon hier sein kann. Wieder ist eine Leiche gefunden worden, und noch immer sind unzählige Quadratkilometer Weinberge und Böschungen nicht auf sterbliche Überreste untersucht worden. Als Traktorist ist es nicht meine Aufgabe, Verstorbene zu finden, vor solchen Funden möchte ich geschützt werden. Umso unverständlicher die Absage der Koblenzer Behörde. „Es sind bereits genug Staffeln im Einsatz" – so die deutlichen Worte und die unmissverständliche Ansage, das Gespräch sei damit erledigt... Bei einem Katastrophengebiet, in welchem sich teils meterhohe Anschwemmungen und unzählige Fahrzeuge und Wohnwagen über eine Länge von 40 bis 50 Kilometer erstrecken und einer nur recht kurzen Einsatzzeit der Spürnasen, kann ich mir kaum vorstellen, dass eine ausreichende Anzahl vor Ort ist. Wir haben zumindest noch keine gesehen. Um vielleicht noch Verschüttete zu bergen und Privatleuten grausige Leichenfunde zu ersparen, reisen schließlich Staffeln aus Holland und der Schweiz teils privat an, um die sich wieder einmal selbst im Weg stehende deutsche Bürokratie zu umgehen.

Jene Bürokratie, beziehungsweise die nicht vorhandene Kommunikation mit Offiziellen, sollte auch dafür sorgen, dass dem Kreis Dutzende von kostenfreien Brücken durch die Lappen gehen. Firmen aus ganz Deutschland und dem benachbarten Ausland haben scheinbar meine Videos verfolgt, sind geschockt, von dem was sie sehen, bieten standardisierte Brücken auch für den Lastverkehr zum Nulltarif an, teils temporär, teils permanent. Alle wollen zur schnellen Wiederherstellung der Infrastruktur beitragen, sind der Region teils seit Jahren verbunden. Doch als nicht Ortskundiger und zudem einfacher Traktorist kann ich solch weitreichende Entscheidungen nicht treffen, versuche unzählige Male kompetente Entscheidungsträger ans Telefon zu bekommen.

Vergeblich.

Nachdem die Flut fast alle Brücken mitgerissen hatte, sollte man von einem erhöhten Bedarf solcher Verbindungselemente ausgehen, doch die suboptimale Kommunikation vereitelt das für den Kreis kostengünstige Angebot.

Zumindest im Bereich Internet erfährt die Infrastruktur Hilfe von allen Seiten, sogar aus dem All. Wie auch in anderen Katastrophen reagiert Elon Musk umgehend, Starlink-Satellitenschüsseln werden in betroffenen Orten aufgebaut und sorgen für flächendeckende Verbindung. Auch die E-Tanksäulen am Nürburgring lässt der Tech-Mogul freischalten, ermöglicht damit im immer noch vom Stromnetz abgekoppelten Ahrtal die Benutzung von elektrischen Fahrzeugen. Gerüchten zufolge hat es ein Foto meines schlammüberzogenen Tesla sogar bis hin zum Geschäftsführer des E-Auto-Herstellers geschafft. Auch wenn ich nie Idole hatte oder nach welchen gesucht habe, Musk käme einem solchen Vorbild definitiv am nächsten. Seine Visionen, sein kontinuierliches Nachvorneorientieren, sein Streben danach, die Grenzen des Möglichen immer wieder zu testen und zu verschieben, entsprechen dem, was ich im Rahmen meiner Möglichkeiten zu erreichen versuche.

In Schubladen, Labels, Kategorien habe ich nie reingepasst, nie reinpassen wollen. Zu statisch, zu unflexibel für meine Bedürfnisse.

Wahrscheinlich einer der Gründe, die es manchen Menschen so schwierig machen, mich einzuordnen.

Bei einem abendlichen Video auf der neuen Kippstelle treffe ich Julian, einen betroffenen Anwohner. Mit seiner Familie hat er direkt an der Ahr gewohnt, das Haus ist in der Ferne zu sehen. Auch ihn hat die Flutwelle voll erwischt, erzählt er und berichtet von den Ereignissen der Nacht, angefangen mit den Warnungen der Feuerwehr um 19.30 Uhr, sich nicht in Kellern aufzuhalten wegen Hochwassergefahr. „Da haben wir gedacht, es kommt wie 2016. Da haben wir ein bisschen was auf der Straße gehabt, zehn Zentimeter im Keller, da war alles noch cool." Doch dieses Mal sollte nichts mehr cool sein.

Alle Versuche, das Wasser abzuhalten, schlagen fehl, der Pegel steigt zu schnell. Als das Wasser schließlich ins Wohnzimmer dringt, klaubt die achtköpfige Familie schnell die wichtigsten Dinge zusammen, macht sich mit ihren zwei Hunden aus dem Staub, klettert über Zäune, versucht sich in Sicherheit zu bringen. Inzwischen steht das Wasser brusthoch, die Strömung ist stark, die Flüchtenden müssen sich an Zäunen festhalten, um nicht vom mörderischen Strom mitgerissen zu werden. Julians Familie ist bei den Großeltern in der Nähe von Bonn untergekommen. Ein Jahr, schätzt er, wird es dauern, bis das Haus wieder bewohnbar ist, die Familie wieder nach Hause kommen kann. Während sein Vater noch zögerlich ist, sich wieder in die Hochwasserzone zu begeben, steht für Julian fest: **„Wenn es wiederkommt, dann ist das so, aber ich will's auf jeden Fall nochmal versuchen."**

Ich kann ihn verstehen, erinnere mich von meinen Motorradtouren an die traumhaft schöne Landschaft des Ahrtals. Umso trauriger und trostloser der Anblick, der sich uns nun bietet. Schotter- und Steinwüste, soweit das Auge reicht. „Das hier war eine große Wiese, wo man die Hunde laufen lassen konnte, Weinberge, Gärten", erinnert sich Julian an die gar nicht so ferne Vergangenheit. Nun stehen wir auf etwa zwei Metern Geröll, unter denen die ursprüngliche Wiese begraben liegt. **„Was das für eine Gewalt sein muss, um so einen Schotter mitzuziehen"**, sinniere ich, immer noch fassungslos angesichts der ungeheuren Kräfte, die hier gewirkt haben. Besonders mit Blick auf die Ahr, die sich so lieb, klein und unschuldig in ihrem nun verbreiterten Bett präsentiert.

Auch mich zieht es langsam in mein Bett, die langen Arbeitszeiten der vergangenen Tage machen sich bemerkbar, nicht selten drohe ich auf der Heimfahrt kurz vor meiner Ausfahrt einzuschlafen, dem dringenden Schlafbedürfnis nachzugeben, schaffe es jedoch jedes Mal gerade so bis nach Hause.

Am 8. August, rund drei Wochen nach meinem ersten Einsatz, nehme ich mir das erste Mal einen Tag frei, bleibe zuhause, kümmere mich um Familie, Höfe und die Ernte, sitze aber bereits am nächsten Morgen wieder in aller Frühe im Auto gen Ahrtal. Auch während meiner 24-stündigen Abwesenheit hat das Ahrtal nicht meinen Kopf, meine Gedanken und Aufmerksamkeit verlassen. Mein ständig klingelndes Telefon eine Erinnerung an die unfassbare Katastrophe, die alle anderen Probleme in ihren Schatten stellt. Ein Riss in meiner heilen Welt, eine Zäsur in meinem Leben.

„Ein Riss in meiner heilen Welt, eine Zäsur in meinem Leben.

Tal der Tränen

Musik hat in meinem Leben schon immer eine zentrale Rolle gespielt, ist essentiell für mein emotionales Gleichgewicht. Schon im zarten Alter von sechs Jahren erhielt ich Klavierunterricht, machte mich vertraut mit der Welt der weißen und schwarzen Tasten, zwischen denen sich zukünftig das Spektrum meiner emotionalen Ausdruckskraft finden sollte. Mit dem „Geflügel", meinem weißen Piano, unterhalte ich mich auf Ebenen, die Worte nie erreichen. Gefühle – die Essenz aus gelebten Empfindungen, Erlebnissen und Erfahrungen – werden in Noten zu feinen Frequenzen gesponnen. Von Schallwellen getragen verklingen sie langsam, symbolisieren eine abgeschlossene Transformation.

Schon immer charakterstark, verweigere ich das klassische Liederspektrum, darf endlich gemäß meines natürlichen Fingerlaufs spielen, rufe mir bereits Gehörtes ins Gedächtnis und improvisiere, setzte Noten und Harmonien dergestalt zusammen, wie sie meinem Gehörbild entsprechen, lasse meinen Gefühlen freien Lauf. Diese Talente zu Improvisation und Adaption sollten sich auch auf mein weiteres Leben übertragen, mir bei Problemstellungen jeglicher Art zugutekommen.

MASSEY FERGUSON 233

Den Weg ebnen für jenen freidenkenden, visionären Lebenskünstler, der in keine Schublade passt. Musik hat mich seit jeher geschützt, mir die Gelegenheit gegeben, meine Emotionen aufzuarbeiten, ein Ventil geboten, wenn diese zu übermächtig werden. Wie in Trance sitze ich am Piano, erlaube meinen Fingern ein Eigenleben, lasse sie selbstbestimmt über die Tasten gleiten, Tonkombinationen finden, die mein Innerstes auditiv erfassbar machen. Im Ahrtal habe ich dieses Ventil nicht.

Zu voll der Kopf,
zu komprimiert der Input,
keine Zeit zum Atmen,
Durchschnaufen,
nur ich sein.

Alles will immer rein, nichts kann, darf raus. Keine Schwäche zeigen, keine Gefühle erlauben, zu groß die Gefahr, das mühsam aufrecht erhaltene Konstrukt zu destabilisieren und zusammenzubrechen. Sukzessive baut sich der Druck auf, wird schließlich in den ersten Wochen unerträglich.

Es ist noch keine 6 Uhr, als ich mit einer Tasse Kaffee am Küchentisch sitze und mich die Emotionen überwältigen. Einem geborstenen Staudamm gleich brechen die Tränen aus mir heraus, lassen sich nicht stoppen. Eine Kaskade unterdrückter Emotionen. Trauer, Wut, Frust, aber auch Glück und eine tiefe Dankbarkeit kullert in Tränenform über mein Gesicht. Ich erschrecke mich vor mir selbst, bin kein Fan von Kontrollverlust. Zwar bin ich kein typischer Mann, der seine Maskulinität durch Weinen gefährdet sieht, doch dieser Ausbruch trifft mich unvorbereitet, kommt aus dem Nichts, ohne Warnung. 20, 30 Minuten sitze ich heulend am Küchentisch, lasse zu, was ich mit aller Macht unterdrückt hatte, lasse los.

Eine Kaskade unterdrückter Emotionen. Trauer, Wut, Frust, aber auch Glück und eine tiefe Dankbarkeit kullert in Tränenform über mein Gesicht.

Der Spagat zwischen Ahrtal und „normalem Leben“ fällt immer noch schwer. Zu insignifikant, zu banal die Probleme, über die sich die Menschen jenseits des Katastrophengebietes beschweren. Unfair, ich weiß. Denn nicht jeder hat den direkten Vergleich, kennt beide Seiten. Doch die unvorstellbaren Zustände der Flutbetroffenen haben sich unauslöschlich in mein Hirn eingebrannt, sind Teil meiner neuen Realität geworden. Das macht die wenigen Ausflüge in das Leben, wie ich es vor dem 15. Juli kannte, umso schwerer. So findet ein Familienessen in Bonn einen Tag nach meinem Geburtstag ein frühzeitiges Ende. Die Leichtigkeit, das Lachen der anderen Gäste sind für mich nicht zu ertragen, nicht mit der Schwere und dem drückenden Gewicht der Katastrophe vereinbar.

Selbst alltägliche Dinge triggern mich, lösen Emotionen aus, auf die ich nicht vorbereitet bin, die ich nicht verarbeiten kann, die sorgfältig in Schubladen gepackt werden müssen. Herumliegendes Kinderspielzeug von Paula erinnert mich an die unzähligen Stofftiere, Puppen, Figuren, die ich tagtäglich bei Aufräumarbeiten im Schlamm finde. Anfangs sammele ich alles in meiner Fahrerkabine, kann solch persönlichen Dinge nicht liegenlassen. Die gehören doch jemandem, da hängt doch Leben dran, denke ich, und noch dazu so junges Leben. Ich stelle mir die Kinder vor, die mit diesem Teddy im Arm Nacht für Nacht eingeschlafen sind, die mit jener Puppe gespielt haben, sie jetzt schmerzlich vermissen, umso mehr, da ihnen die Flut selbst solch kleine Anker genommen hat. Würde mir wünschen, dass Teddy und Co. den Weg zurück in diese Kinderarme finden. Doch schnell wird mir die Sinnlosigkeit meines Unterfangens bewusst, verschwindend gering die Wahrscheinlichkeit, dass die rechtmäßigen Besitzer gefunden werden – besonders, wenn es sich nicht um Unikate handelt und das Spielzeug in jedem fünften Kinderzimmer zu finden ist.

Würde mir wünschen, dass Teddy und Co. den Weg zurück in diese Kinderarme finden.

Außerdem quillt meine Fahrerkabine nach jeder Tour über, ich kann längst nicht alles einsammeln, auch emotional wird das Ganze immer belastender für mich. Hinter jedem aufgesammelten Fundstück steckt ein Mensch, ein ganzes Leben. Doch wer weiß, ob es überhaupt noch existiert oder nicht ebenso aus seinem Heim fortgerissen und wieder ausgespuckt wurde wie jenes Plüschtier, jene Spielfigur. „Es sind hier viele Sachen, wo man erstmal schlucken muss, wirklich, also richtig schlucken muss, weil man eben an 'nem Ort ist, wo viel Schlimmes passiert ist und man viel Schlimmes gefunden und gesehen hat. Es ist leider auch passiert, dass Baggerfahrer tatsächlich Puppen auf einmal in der Schaufel hatten und dachten, es wär' ein Kind. Der Schock, den man dann erstmal hat, der sitzt tief", erzähle ich in einem Live-Video an unserer neuen Deponie, als ich mit dem Kleinen Schwarzen an meterhohen Müllbergen vorbeifahre, auf dem Weg, die beiden Playmobilfiguren, die wir heute Morgen entdeckt haben, einzusammeln.

Dicht nebeneinander liegen sie auf der stark beschädigten St. Josefsbrücke in Walporzheim, die nachher abgerissen werden sollte. Im strömenden Regen gehe ich zurück, um die Fundstücke zu sichern, mache in diesem Fall eine Ausnahme. So, als wollten sie gesehen werden, liegen sie zusammen. Eine Figur ganz in Schwarz, mit Stiefeln, scheint noch intakt, ist nur verdreckt. Die andere ganz in Weiß bis auf die leuchtendrote Jacke mit dicken Knöpfen, hat ihre Haare verloren und ein Fuß hängt ganz verdreht, löst sich direkt ab. Weiß und schwarz, hell und dunkel, ying und yang, so liegen sie dicht nebeneinander, haben der Flut zusammen getrotzt. Die statistischen Chancen, dass zwei so leichte Gegenstände, die von einer kaum vorstellbaren Kraft weggerissen wurden, nebeneinander zum Liegen kommen, muss ich gar nicht ausrechnen, sie sind fast nicht existent.

„Hinter jedem aufgesammelten Fundstück steckt ein Mensch, ein ganzes Leben.

Ich denke an all die Wegkreuze und kleinen Kapellen im Tal, von denen man immer wieder hört, sie seien im Gegensatz zu ihrer unmittelbaren Umgebung nicht beschädigt worden. Vorfälle wie jene machen nachdenklich, sollen das alles Zufälle sein?

Zurück in der Fahrerkabine grinst mich eine dreckverschmierte Puppe an, die ich aus dem Müll gefischt habe. Das freundliche Lächeln zu einer hässlichen Fratze verstümmelt. Sie sollte eigentlich adrett frisiert und sauber in einem gemütlichen Kinderzimmer sitzen und nicht inmitten von Trümmern und Zerstörung liegen mit zerrissener Kleidung, verstrubbeltem Haar. Surreal, denke ich und versuche nicht an das potentielle Schicksal der kleinen Besitzerin zu denken.

Wie grausam
die Welle doch war,
kein Erbarmen,
kein Mitleid.

Wie Einbrecher, die ohne Diebesgut abziehen müssen und aus Frust die ganze Wohnung verwüsten. Nur dass die Welle ganz viel Diebesgut gefunden und auch mitgenommen hat und trotzdem alles zerstört, alles verwüstet hat. Was für eine Demütigung.

Doch nicht nur sentimentale Erinnerungsstücke wurden den Menschen genommen, auch lebenswichtige Medikamente. Krebskranke, die plötzlich kein Morphium mehr haben, Diabetiker ohne ihr essentielles Insulin. Richtig bösartig, geradezu asozial, denke ich. Selbst Kriminelle hätten mehr Barmherzigkeit gezeigt. Glückliche Fügungen, wie das schlammverschmierte Klassenbuch der 5 d des Peter Joerres-Gymnasiums in Ahrweiler, das nach meinem Post wieder zu den Fünftklässlern zurückgefunden hat, sind ein Hoffnungsschimmer inmitten all der tragischen Schicksale, deren Zeugnisse tagein, tagaus auf meiner Erdmulde landen.

Auch Paula geht das Schicksal der Kinder im Ahrtal nahe, als ich ihr von all den gefundenen Spielsachen erzähle, die nun nicht mehr bei ihren Besitzern sind. **„Hier, das sollen die Kinder im Ahrtal haben"**, sagt sie kurz darauf und übergibt mir einen Stapel ihrer eigenen Spielzeuge. Wie einfach die Welt doch mit kindlicher Empathie geheilt werden könnte…

ADD

Den Hügel der Ahnungslosen, so nennen wir den Sitz der ADD hoch oben über dem Tal angesichts des offensichtlich fehlenden Wissens, was sich wirklich in den betroffenen Orten abspielt. Nur so lassen sich bestimmte Entscheidungen oder eben genau der Mangel an diesen erklären.

Während wir im Tal der Tränen die Drecksarbeit machen,
warten wir sehnlichst auf ein Zeichen von oben,
eine Richtung,
einen Wegweiser,
einen Offiziellen,
der jetzt endlich mal die Verantwortung übernimmt – oder zumindest unsere Unkosten.

Die ganze Zeit sind wir unter dem Radar gelaufen, es wird Zeit, dass uns endlich mal einer Beachtung schenkt, sagt, wie es weitergehen soll. Wenn der Berg nicht zum Propheten kommt, dann kommt der Prophet halt zum Berg, denke ich, mache mich mit dem Kleinen Schwarzen auf den Weg zur ADD, will Antworten und Lösungen, und zwar sofort. Als mir der Eintritt verwehrt wird, stelle ich unmissverständlich klar: „Ich gehe hier nicht weg, bis ich mit jemandem gesprochen habe." Tatsächlich kommt ein Ansprechpartner vor die Tür, wird Empfänger meines geballten Frusts, muss sich im Detail anhören, wo es überall hapert und was wir dringend benötigen. Der ADD-Vertreter kann meinen aufgestauten Ärger verstehen, entschuldigt sich, schreibt eifrig mit, verspricht zu tun, was möglich ist – doch passieren sollte nichts.

Gerüchte, dass die Helfer an der oberen Ahr für ihre Kosten entschädigt werden, machen in den nächsten Tagen hartnäckig die Runde, entpuppen sich schnell als Tatsache und sorgen somit für schlechte Stimmung bei all denen, die seit Tagen und fast Wochen kostenfrei sich und ihre Maschinen zur Verfügung stellen.

Diese Zweiklassengesellschaft ist untragbar, es kann nicht sein, dass einige bezahlt werden und andere nicht,

entrüste ich mich, verspreche allen, „ich kümmer' mich". Ein Anruf beim Krisenstab Altenburg bestätigt das Ganze. Ich bekomme einen Termin mit der Ortsvorsteherin, die mir eine handschriftliche Bestätigung unterschreibt, dass Kosten für Arbeiten in Kreuzberg, Altenburg, Reimerzhoven und Altenahr übernommen werden. Doch was ist mit den restlichen Orten? Unternehmer, die nur wenige Kilometer weiter Schutt und Trümmer beseitigen, sollen leer ausgehen, weil ihre Maschinen, die essentielle Arbeiten verrichten, nicht in der „richtigen" Gemarkung stehen? Und wieder wiehert der Amtsschimmel. Die positive Erwartung, die das freundliche Gespräch mit der Ortsvorsteherin vermittelt hatte, verpufft, macht Platz für die maßlose Enttäuschung, das Gefühl meine Kollegen im Stich gelassen zu haben. „Ich hatte mir Hoffnung gemacht, dass das fürs ganze Ahrtal gilt, aber nein, es ist nur hier für die Ortschaften. Ich verspreche euch, dass ich dranbleibe an der ganzen Sache, damit wir hier weiter aufräumen können", versichere ich vor Ort aus Altenburg, nichtsahnend, dass ich dieses Versprechen schon einen Tag später einlösen sollte.

„Heute ist ein spannender Tag, vor allem heute Morgen. Wir werden nochmal probieren, mit den Behörden zu sprechen. Ich kann euch aber vorab schon sagen, dass wir natürlich am Arbeiten bleiben", begrüße ich die Community im ersten Video des nächsten Tages. Noch immer frustriert angesichts der unnötig komplizierten Bezahlsituation, zeige ich Verständnis für Unternehmer, falls diese nach vielen kostenfreien Tagen aus den unbezahlten in die vergüteten Regionen abziehen.

„Ich für meinen Teil werde auf jeden Fall unten bleiben in Bad Neuenahr-Ahrweiler“, verspreche ich und hoffe neu eintreffende Helfer und ihre Maschinen auch dorthin lotsen zu können. „Wenn die dann vier oder fünf Tage kostenfrei arbeiten, dann ist das auch so eingeplant.“

„Die ganze Straße steht voll mit Baumaschinen. Und wir bleiben hier so lange stehen, bis einer rauskommt. Wir wollen jetzt einfach mal Antworten haben, wie es weitergeht“, kommentiere ich in einem Live-Video, als wir mit rund 30 Gespannen in einer beeindruckenden Demonstration unserer Gemeinschaft in einer langen Schlange vor der ADD stehen.

Uns reicht's.

Lange genug wurden wir in der Berichterstattung verschwiegen, existieren offiziell nicht. Nun sollen wir mit selektiver Entlohnung auch noch entzweit werden.

Wir wollen, dass endlich mal jemand mit uns spricht, jemand, „der 'nen Arsch in der Hose hat und uns mal sagt, wie es hier weitergehen soll. Wir arbeiten hier alle für Nüsse, andere werden bezahlt, das geht nicht. Wir wollen 'ne klare Linie haben“, fordere ich. Auch im Hinblick auf mein schlechtes Gewissen den Menschen gegenüber, die meinen Aufrufen gefolgt und nun dieser Ungerechtigkeit ausgesetzt sind. Wären sie in einen anderen Ort gefahren, statt uns in Walporzheim zu unterstützen, würden sie entlohnt. Sobald harte Währung im Spiel ist, fangen die Probleme an, Geld verdirbt bekanntlich den Charakter. Umso vehementer wiederholen wir unser Credo: Entweder werden alle bezahlt oder keiner.

„Wir wollen den Menschen nur helfen. Die Menschen stellen ihr Lebenswerk, ihre Zukunft, ihre Vergangenheit auf die Straße. Wir kommen da hin und laden das innerhalb von paar Minuten auf. Die Menschen haben Verzweiflung, eine Traurigkeit in den Augen in dem Moment. Und wenn man mit denen spricht, wollen wir denen nur noch Hoffnung geben. Hoffnung für die Menschen, für die Städte hier, für die Region. Und darum sind wir hier – freiwillig“, beschreibt Michael Rödder in eindringlichen Worten die Intention aller. Wie viele andere auch wollte der selbstständige Bauunternehmer eigentlich nur zwei, drei Tage bleiben. „Aber ich hab‘ gesehen, was für ein Leid hier ist, wieviel Arbeit hier ist. Wir müssen hier weiterhelfen, hier muss es weitergehen“, stellt er klar. „Ich bin jetzt den siebten Tag heute hier, wie viele andere auch. Wir wollen dafür keine Entlohnung haben. Das war überhaupt nicht unser Ansinnen. Wir sind hier alle freiwillig hingekommen. Ich will für meine Hände Arbeit nichts haben, nein, gar nichts. Aber wenn andere für ihre Fahrzeuge, Maschinen, Geräte bezahlt werden, dann sollte man das gleich halten für alle. Wenn es jetzt Ungerechtigkeit gibt, die einen werden bezahlt, die anderen nicht, das geht nicht", betont er. „Es ist nicht fair. Wir kommen her, wollen helfen, wir spenden auch unsere Maschinen dafür und dann kommt sowas. Scheiße ist das. Entweder alle oder keiner, ganz einfach", kommentieren Helfer aus dem hohen Norden, aus dem Cuxhavener-, Ems- und Bremener Land, dem Heidekreis. Ganz Deutschland scheint hier vertreten, gerade habe ich Anfragen aus dem Süden der Republik erhalten.

„Es fühlt sich nicht gut an", bringen es die Maschinisten auf den Punkt: „Wir fühlen uns zugehörig, wollen zusammenarbeiten, können es auch und dann schlägt da oben jemand die Bücher auf und schon geht gar nichts mehr", fassen sie zusammen. „Unnötig, völlig unnötig, das macht uns das Leben nur schwer", so der Konsens, und mir stellt sich die Frage, ist das gewollt, soll die Stimmung bewusst verdorben werden? Warum sonst würde man einen solch reibungslos funktionierenden Arbeitskreislauf unterbrechen? Statt im Tal wertvolle Arbeit für die Betroffenen zu leisten, stehen wir uns hier die Beine in den Bauch, warten auf unseren ersten Ansprechpartner nach 14 Tagen.

Funktionierender Katastrophenschutz sieht in unseren Augen anders aus.

Auch wenn seit Tag 5 vieles plötzlich zu klappen scheint. „Was die letzten fünf Tage nicht da war, ist kurz bevor Frau Klöckner jetzt kommt, alles hier." Die offiziellen Hilfskräfte scheinen wie losgelassen, dürfen endlich helfen, es entsteht eine gute Zusammenarbeit. Das nervenaufreibende Warten, die psychische Belastung nicht helfen zu dürfen, aber zu wollen, hat allen zugesetzt. Nicht wenige Mitglieder von Feuerwehr oder THW wollen im nächsten Einsatz lieber Urlaub nehmen und privat kommen.

Rund eine Viertelstunde nach unserer Ankunft bekommen Michael Rödder, Marcus Zintel und ich tatsächlich eine Audienz, sprechen mit einem „pragmatischen Mitarbeiter, der auf kurze Dienstwege steht". Die Problematik ist ihm bereits vertraut, auch er schaut Wippi TV.

Kurze Zeit später habe ich gute Nachrichten für die Kollegen, die vor dem Gebäude gewartet haben: „Wir haben uns drauf geeinigt: Wir machen jetzt unsere Arbeit weiter, weil ohne uns geht's nicht. Das war die klare Aussage, die gerade getroffen wurde. Wir haben heute Mittag einen Termin mit dem Präsidenten. Und dann wird klare Linie gefahren. Dann kommt die Info für euch alle danach raus. Sonst geh' ich hier nicht weg oder wir gehen alle weg. Wir fahren nicht nochmal hier hoch. Dann ist das für uns gegessen sozusagen. Die Information kann ich euch geben, mehr kann ich nicht sagen, aber wir arbeiten dran. Hatte ich euch ja versprochen, dass wir heute eine Lösung finden."

Doch wir müssen gar nicht bis Mittag warten, schon kurze Zeit später werden wir zu einem Gespräch mit Vertretern von Polizei und Krisenstab eingeladen. **„Es war ein super Gespräch"**, fasst Michael Rödder im Anschluss zusammen, **auch wenn es „hätte früher sein können"**. Er spricht von neuer Hoffnung, von Entscheidungen zu unseren Gunsten und dem Vertrauen, dass diese auch schnellstmöglich umgesetzt werden. Die Zusammenarbeit mit den staatlichen Organisationen soll besser laufen, jetzt, da man das Problem eines fehlenden Ansprechpartners erkannt habe.

**„Die sind richtig froh,
dass wir hier sind,
die sind froh,
dass wir hier helfen."**

„Ich weiß gar nicht, wie oft das zur Ansprache kam. Es wurde auch gesagt, dass man ohne uns das gar nicht hinbekommen hätte in der Kürze der Zeit. Ich muss sagen, ich bin angenehm überrascht. Top, wunderbar", zieht Zintel ebenfalls eine positive Bilanz des Gesprächs. Und auch ich muss eine Lanze für den Krisenstab brechen angesichts der Tatsache, dass viele von ihnen selbst betroffen sind, ihre Familienmitglieder oder Freunde. Eine fast übermenschliche Aufgabe, privat mit der Tragödie klarkommen zu müssen und parallel dazu noch im Krisenstab zu arbeiten.

„Bei der ganzen Kritik und bei allem, also eben stand fast jeder, der dabei war, kurz vorm Weinen. Es war ein Gespräch, was wirklich auch emotional war. Weil hier jeder irgendwen kennt, den er verloren hat oder aus dem direkten Umfeld. Mit der Situation muss man erstmal privat klarkommen. Das müssen wir alle beachten. Was hier passiert ist, das ist so unfassbar schlimm. Ich möchte das nur mal klarstellen, dass so viele Sachen hier ineinandergegriffen sind. **Kein Krisenstab der Welt hätte das mal eben alles hier regeln können.** Wir haben unsere Hilfe angeboten, wir haben von Anfang an mitgearbeitet. Es ist gerade akzeptiert worden oder auch wirklich gelobt worden. Anders kann das nicht laufen."

„Schauen wir mal, wie sich das jetzt im Laufe des Tages entwickelt, was davon alles umgesetzt wird und gehen wir mal weiter an die Arbeit", bringt es Zintel auf den Punkt, bevor wir wieder gen Tal fahren.

Erleichtert, euphorisch und sichtlich emotional. Hatten wir endlich einen Durchbruch erwirkt, war dies der längst überfällige Startschuss für eine reibungslose Zusammenarbeit im Sinne der Helfer und Betroffenen?

Leider sollte auch diese Hoffnungsblase so schnell zerplatzen, wie sie entstanden war. Trotz aller Versicherungen und Beteuerungen passierte nichts. Die Wendung sollte sich schlussendlich eher per Zufall einstellen. Über Wilhelms Kontakt mit Guido Orthen, dem Stadtbürgermeister von Bad Neuenahr-Ahrweiler, und der Information, dass die Kosten von Arbeiten, die von den einzelnen Ortsvorstehern als essentiell notwendig attestiert werden, beglichen werden. Mit Gregor Sebastian, dem Ortschef von Walporzheim, hatten wir endlich einen Ansprechpartner gefunden, der bereit war, Entscheidungen zu treffen und Verantwortung zu übernehmen.

Die 35.000 Euro, die ich für den monatelangen Einsatz meiner Maschinen in Rechnung stelle, decken natürlich nicht einmal im Ansatz die tatsächlich entstandenen Kosten. Doch es ist eine Anerkennung, eine Wertschätzung, ein Obolus, von dem ich zumindest einen Teil der Maschinenkosten begleichen kann. Immerhin wurden unsere Fahrzeuge tagtäglich auf Spezialbaustellen mit ungewissem Gefahrenpotenzial eingesetzt. Waren teils Giftstoffen, Seuchengefahr und freigespülten Bomben aus dem Zweiten Weltkrieg ausgesetzt. Herumliegende Trümmer, Metall, Eisen, Nägel und andere scharfkantige Gegenstände führten oft zu Beschädigungen von Reifen, Schläuchen, Ketten, sorgten oft erst nach dem Ahrtaleinsatz für Reparaturen von Tausenden von Euro.

„Unseren persönlichen Einsatz, die Arbeit unserer Hände, wollten wir alle nicht bezahlt haben. Dafür waren wir nicht gekommen.

Wir waren gekommen, um zu helfen.

Wiedergabe

Wiedergabe

Der Zintling

Vier Wochen nach der Flut ist die Ahr noch immer gezeichnet von den Nachwehen des Jahrhunderthochwassers, durchsetzt von Müll – Autos, Gas-Tanks, Gehölz, Behältern mit Chemikalien, Hausrat – kurzum allem, was nicht in ein Gewässer gehört. Zahlreiche Bagger sind im Einsatz, befreien den Fluss von seinen nicht natürlichen Mitbewohnern, versuchen den Prä-Flut-Zustand so gut es geht wiederherzustellen und toxische Stoffe zu entfernen.

Wer denkt, das sei ganz im Sinne von Natur- und Umweltschutz sollte jedoch eines Besseren belehrt werden. Denn Vertreter von Naturschutzbehörden wollen den Aufräumarbeiten zum großen Erstaunen von Bauunternehmer Marcus Zintel Einhalt gebieten – **zum Wohle der Fische und brütenden Vögel, die durch die Baumaschinen in ihrem natürlichen Habitat gestört würden…** So die Begründung, die angesichts des offensichtlichen Ausnahmezustandes nur für Kopfschütteln sorgt.

Rund zwei Wochen hatte es gedauert, bis wir nach der Flut endlich wieder die ersten Vogelstimmen in der unheimlichen Stille vernehmen – und das mitten im Sommer. Für jeden Naturfreund ein untrügliches Zeichen, dass das natürliche Gleichgewicht elementar gestört ist.

Was hatte ich mich gefreut, wieder den ersten Piepmatz zu hören, die ersten Enten bei ihrer Rückkehr in die Ahr zu beobachten. Natürlich möchten wir der eh schon arg gebeutelten Tierwelt eine Pause gönnen, sie auf der anderen Seite aber auch langfristig vor den Folgen auslaufender Chemikalien und Plastikmüll schützen, sind ebenso besorgt wegen der massiven Baumstämme und Gehölzansammlungen, die schon beim nächsten Starkregen eine weitere Gefahr darstellen können.

Doch auch hier sollte uns der Einfallsreichtum der Natur eine ebenso einfache wie geniale Lösung bieten:

Den Zintling, die Krone der Flutevolution.

Das Prinzip ist schnell erklärt: In einer ausgeklügelten Mehrfachkreuzung heimischer Fischsorten war es uns gelungen, den gemeinen „Marcus Baggeritus Zintlikus" mit zertifizierter Tarnfarbenzeichnung zu kreieren. Das Besondere an dieser einzigartigen Zucht: Der Zintling reagiert instinktiv auf Metall und sucht das Weite, sobald er nur einen Hauch davon wittert, ist somit sicher vor Kettenbaggern jeder Art. Im Wasserbecken meiner Reitanlage auf Burg Stammeln werden die Zintlinge nach ausführlichem theoretischen Unterricht bootcampmäßig trainiert, kein Prozess für Anfänger, nur die härtesten und besten kommen durch, durchlaufen verschiedene Ausbildungsstufen, können sogar mit einem Diplom abschließen. Die mit Hufeisen beschlagenen Pferde, die das Wasserbecken täglich durchschreiten, bringen die außergewöhnliche Wasserkreatur konstant mit Metall in Berührung, bereiten sie so auf ihr weiteres Leben vor und geben ihr genügend Möglichkeit, das gelernte Wissen in der Praxis umzusetzen. Ein Wasserbecken mit Sprungelementen für die Pferde ist die höchste Form der Zintlingsausbildung, danach ist die hartgesottene Spezialeinheit bereit, eingesetzt zu werden – auch in Gewässern, die von Kettenbaggern durchfahren werden – und ist damit prädestiniert für die Ahr.

Dieser evolutionäre Meisterstreich, den ich Zintel an Tag 26 als Überraschung präsentiere, sollte nicht nur einen wahren Zintling-Kult weit über das Ahrtal hinaus auslösen, sondern auch das deutsche Behördentum einmal mehr ad absurdum führen.

Der fiktive Fisch hält der deutschen Gesellschaft den Spiegel vor,

ist ein Synonym dafür, dass wir uns mit allem möglichen Schwachsinn beschäftigen und dabei das wesentliche Problem aus den Augen verlieren.

Eigentlich müsste der Zintling der deutsche Nationalfisch sein.

Sollten wir uns nach einer bis zu neun Meter hohen Flutwelle, die auf ihrer mörderischen Route sowieso unzählige Habitate zerstört hat, nicht mehr Sorgen um die zahlreichen umweltschädlichen Substanzen machen, die – falls sie nicht entfernt werden – eben jene Habitate auf lange Zeit bedrohen, als über temporäre Belästigungen durch Aufräummaschinen? Die „Reinigung" der Sinziger/Kripper Auen, einem hochsensiblen und seltenen Naturschutzgebiet, die gleich zwei Mal mit Helikoptern – einmal sogar in der Brut- und Setzzeit – erfolgt, führt dieses mir fremde Prinzip des Umweltschutzes Monate später konsequent fort. Auch hier hätte mich eine versteckte Kamera nicht verwundert, wurden doch im Vorfeld alle von uns kostenfrei angebotenen schonenderen Maßnahmen zur Müllentfernung wie kleine Dumper ausgeschlagen. Deutsche Bürokratie at its best. Ein Schelm, der Böses dabei denkt.

Als Bauer bin ich schon von Berufs wegen Naturschützer, lebe von der Natur, bin essentiell abhängig von ihr, sie zu schützen mein oberstes Ziel. Mit eigenen Augen habe ich gesehen, was die Flut ins Gewässer und ans Ufer gespült hat. Eine ganze Apotheke ist im Schwemmgut zu finden, Fläschchen mit Penicillin, aber auch Fässer, Chemikalien, Autos. Organisationen wie die Kölner K.R.A.K.E und der Helfer-Shuttle leisten hervorragende Aufräumarbeiten. Mein Aufruf zur Zusammenarbeit mit bekannten Naturschutzgruppen wie Nabu, BUND et cetera scheitert bedauerlicherweise an Befindlichkeiten und Querelen. Ein klärendes Gespräch mit dem Nabu kommt trotz mehreren Gesprächsangeboten meinerseits nie zustande. Gemeinsam hätten wir ein wichtiges Zeichen setzen, viel bewegen können, haben doch angeblich dasselbe Ziel: Den Naturschutz.

Die Absurdität der Situation ist inzwischen nur noch mit Humor zu ertragen,

die Schöpfung des Zintlings ein dringend benötigtes Ventil, wenn Behördenfrust unsere Arbeit mal wieder unnötig schwer macht.

All diese Aspekte verkörpert die legendäre Kreatur, die sich wie ein Running Gag nicht nur durchs Ahrtal zieht. Bei jedem Live-Video am Stammeler Trainingsbecken warten die Fans schon sehnsüchtig auf Neuigkeiten der Zintlingsfamilie, wollen einen Blick auf das inoffizielle

Wappentier des Ahrtals werfen. „Hmm, heute kann ich keinen entdecken, die sind vielleicht im Trainingscamp, die haben ja ein eigenes Fitnessstudio", besänftige ich die enttäuschten Zuschauer, nachdem ich auch nach einem Beinahefall von der Beckenmauer mit dem Kescher kein Exemplar rausfischen kann, allerdings zumindest einen Albino-Zintling entdecken kann.

Im David Attenborough-Style kommentiere ich in einem anderen Video das gerade stattfindende Fischtraining mit zwei Pferden im Zintlingsbecken und kann mir selbst kaum das Lachen verkneifen: „Die achten jetzt genau drauf, wo die Zintlinge sitzen. Hochkonzentriert. Und die Zintlinge haben sich wahrscheinlich schon hier positioniert, um schnell wegkommen zu können", gebe ich sekündliche Updates wie ein Sportreporter. „Das ist also hier Sondereinheitskommandotraining. Man probiert die Zintlinge von zwei Seiten einzukesseln", erkläre ich das ausgeklügelte System und entdecke gleichzeitig vier Zintlinge, die Vorhut – „die checken die Lage und geben die Information nach unten weiter, das ist sozusagen der Krisenstab, der da oben sitzt".

Weiter geht's in der fabelhaften Naturdoku: „Also, der Krisenstab ist abgetaucht, der hat sich jetzt in andere Regionen verzogen. Die Spannung steigt, hier unten ist richtig was los, zack, zack, zack, zack, die formieren sich jetzt neu. Da ist die ganze Crew und auch der Krisenstab ist mit dabei, und die schwimmen jetzt hier in die Ecke, genau richtiges Verhalten", lobe ich meine Schützlinge. Währenddessen sind die Pferde irritiert, können keinen einzigen Zintling mehr ausmachen, auch nicht mit ihrem sonarähnlichen Aufspürsystem der nuancierten Ohren. Experiment geglückt.

Mein Fazit: „Die Zintlinge sind fast so weit, dass wir die in der Ahr aussetzen können. Man sieht hier keinen mehr, auch der Führungsstab ist komplett weg, man hat die Gefahr erkannt, ich würde sagen, es hat funktioniert", kommentiere ich euphorisch. Auch als die Pferde das Becken durchschreiten gibt es keine Kollateralschäden: „Geht alles ohne Zintlingschaden, ihr werdet hier keinen Fisch mit Bauch nach oben schwimmen sehen." Die Ausbildung ist abgeschlossen. Ich erwäge, einen Eimer Zintlinge an die Ahr zu bringen, jedoch erst nach Rücksprache mit dem Vorsitzenden des Fischervereins. „Mal schauen, ob die diese neue Art haben wollen. Ich geh' davon aus, dass ja, weil im Ahrbett muss auf jeden Fall noch gebaggert werden." Ein letzter Kontrollgang am Trainingsbecken bestätigt: „Kein Zintling zu sehen und vor allem der Führungsstab ist weg. So soll das sein, wie im normalen Leben."

ZINTLING.

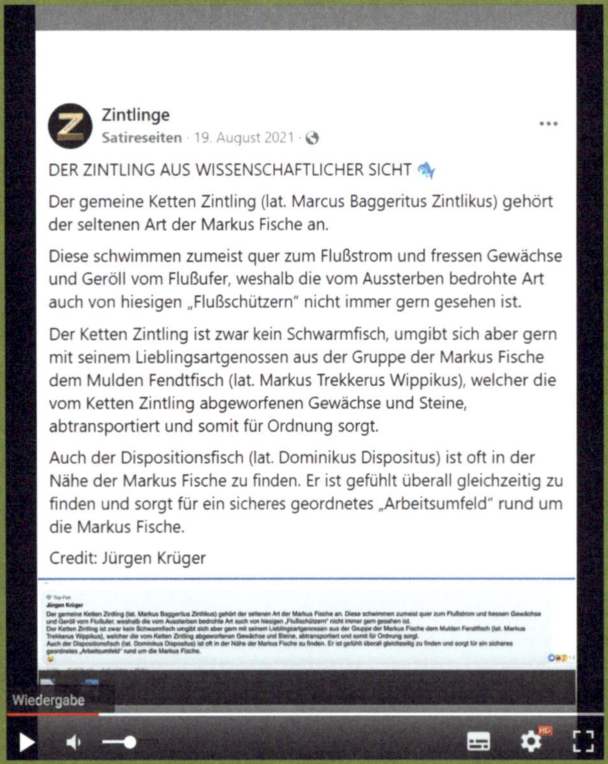

Zintlinge
Satireseiten · 19. August 2021

DER ZINTLING AUS WISSENSCHAFTLICHER SICHT

Der gemeine Ketten Zintling (lat. Marcus Baggeritus Zintlikus) gehört der seltenen Art der Markus Fische an.

Diese schwimmen zumeist quer zum Flußstrom und fressen Gewächse und Geröll vom Flußufer, weshalb die vom Aussterben bedrohte Art auch von hiesigen „Flußschützern" nicht immer gern gesehen ist.

Der Ketten Zintling ist zwar kein Schwarmfisch, umgibt sich aber gern mit seinem Lieblingsartgenossen aus der Gruppe der Markus Fische dem Mulden Fendtfisch (lat. Markus Trekkerus Wippikus), welcher die vom Ketten Zintling abgeworfenen Gewächse und Steine, abtransportiert und somit für Ordnung sorgt.

Auch der Dispositionsfisch (lat. Dominikus Dispositus) ist oft in der Nähe der Markus Fische zu finden. Er ist gefühlt überall gleichzeitig zu finden und sorgt für ein sicheres geordnetes „Arbeitsumfeld" rund um die Markus Fische.

Credit: Jürgen Krüger

„Ein fiktiver Fisch geht viral

Die Fans lieben es, **der Zintling hat die Herzen der Menschen im Sturm erobert**, sehen in ihm eine Persiflage auf die deutsche Bürokratie, lassen ihrer Kreativität freien Lauf, um Teil der Bewegung zu sein.

Im Versorgungszelt finden sich Fischkonserven mit dem Aufdruck **„Zintling in Heizölsauce“**, im Supermarkt meines Vertrauens sind **„Zintlinge in Getriebeöl“** wegen der großen Nachfrage ausverkauft, auf Facebook gründet sich eine eigene Seite, die sich dem legendären Fisch widmet, pfiffige Handwerker kreieren **Zintlinge aus Hufeisen**, Pakete mit dem **Goldenen Zintling auf einer Schieferplatte**, ein **handgetöpferter Zintling** und **Backformen** für den momentan angesagtesten Fisch werden mir zugeschickt. Zintels Bauschuttabladeplatz schmückt bald ein **„Zintling-Deponie“-Straßenschild**. Das **Zintling-Shirt** ist das meistverkaufteste Motiv bei den Matsch-Shirts, „Forelli“ bringt den **Zintling-Sportreifen „Das AHRbeitstier“** aus Biogummi und regionaler Bodenhaltung heraus und ein Ahrweiler Schnellrestaurant kredenzt viele Monate später Zintling-Burger.

Der Hype kennt keine Grenzen.

Ein Aufruf sorgt für tonnenweise Hufeisen, die in der Helfer-Shuttle-Schmiede landen, dort zu Zintlingen verarbeitet und schließlich zugunsten der Betroffenen verkauft werden. Um Profiteuren direkt einen Riegel vorzuschieben, sichern Zintel und ich uns den Markennamen, wollen sicherstellen, dass er nur zugunsten des Ahrtals vermarktet wird.

Nach einigen Diskussionen dürfen wir die Aufräumarbeiten an und in der Ahr schließlich doch fortsetzen – ob wir es dem „Marcus Baggeritus Zintlikus“ zu verdanken haben oder Entscheidungsträgern mit Durchblick – wir werden es wahrscheinlich nie erfahren...

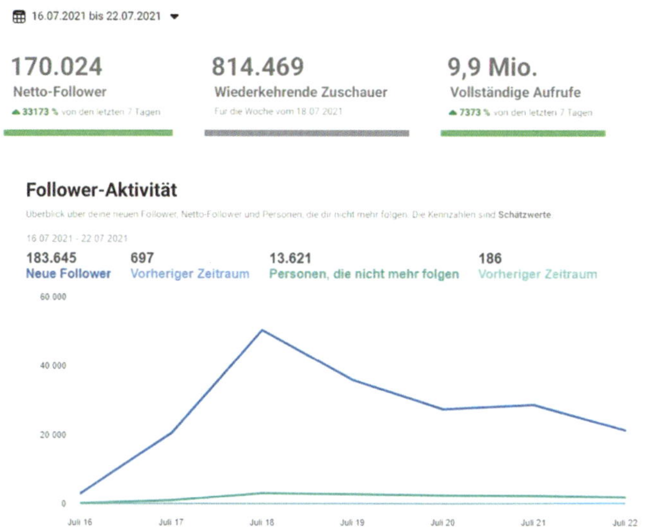

Meine Metamorphose vom Traktoristen zum Ahrtal-Dokumentator verläuft schleichend, findet etwa in der zweiten Woche seine Vollendung. In der Zeit vom 16. bis 22. Juli 2021 steigt meine Beitragsreichweite um mehr als 1000 Prozent, Posts erreichen knapp 16 Millionen Aufrufe, meine Videos werden von knapp 67 Millionen Menschen angeschaut. Eine Reichweite, von der selbst etablierte Medien nur träumen können, mich teilweise bitten, ihre Beiträge auf meinem Kanal zu teilen. Viele versuchen anzudocken, über mich ein breites Publikum zu erreichen, sich meine Reichweite zu Nutze zu machen. Bei einigen lasse ich es zu, bei anderen nicht, je nachdem, ob es der Ahrtal-Hilfe dienlich ist und uns nach vorne bringt.

**Meine ungeschönten,
ungeschnittenen Berichte
kommen gut an,
die Leute sehnen sich nach Authentizität,
wollen wissen, wie die Lage
im größten deutschen Katastrophengebiet
wirklich ist.**

Keine aufgehübschte Realität, wie sie den Politikern bei ihren wenigen Besuchen präsentiert wird. Wenn sehnlichst erwartete Toiletten in Dernau nicht abgeladen werden, sondern stattdessen zum Kanzlerinnenbesuch nach Schuld transportiert werden oder wenn die Altenburger Straßenzüge plötzlich besenrein rausgeputzt werden, weil „Mutti" sich angesagt hat – **potemkinsche Dörfer vom Feinsten**.

Immer mehr Menschen schalten Wippi TV ein und die Mainstream-Medien aus,

die lediglich kurze Statements á la „Es ist alles auf einem guten Weg" zu kolportieren scheinen.

„Sie sind nicht alleine vor Ort und Sie wissen das auch. Warum maßen Sie sich an zu sagen, Sie sind da ganz alleine und es ist niemand vor Ort, wenn wir sehen, dass andere Menschen auch vor Ort sind? Es gibt nicht nur Sie, warum erwecken Sie trotzdem diesen Eindruck?" – muss ich mich in einem Interview – angeblich live – mit „ZDF heute" an Tag 7 tatsächlich fragen lassen, **obwohl ich in meinen Videos immer wieder betone, nur für den kleinen Abschnitt zu sprechen, in dem ich tätig bin**. Auch hier stelle ich ein weiteres Mal ausdrücklich klar, dass sich meine Kritik nicht an die arbeitswillige Basis der Hilfsorganisationen richtet, sondern an die Verantwortlichen, die keine Einsatzbefehle erteilen. Und wieder muss ich erklären, dass ich als simpler Traktorist ins Ahrtal gekommen bin, von keiner politischen oder ideologischen Institution gesponsert oder geschickt: „Ich will hier einfach meine Arbeit machen und dass solche Fragen überhaupt kommen. Wir wollen hier arbeiten und schaffen und uns nicht mit solchen Sachen beschäftigen. Das ist 'ne Unverschämtheit. Überlegen Sie mal, wie viele Stunden ich die letzten sieben Tage am Stück gearbeitet habe und ich muss mich mit so 'nem Kram befassen", platzt mir langsam der Kragen.

Erzürnte Kommentare im fünfstelligen Bereich machen deutlich, dass ich nicht der Einzige bin, der die respektlose Berichterstattung, die mich deutlich in eine bestimmte Ecke drängen will, nicht fassen kann. Mit Posts wie „Ich möchte meine GEZ-Gebühren zurück haben... Dieses Geld spende ich lieber den Opfern... Anstatt sooo einer respektlosen Berichterstattung", „Jeder hätte Beifall geklatscht, wenn er das ‚Gespräch' einfach abgebrochen hätte" oder „Respekt für die Freiwilligen, die jetzt auch noch dumm angegangen werden von Menschen, die nichts beitragen. Herr Wipperfürth organisiert und motiviert Opfer und Helfer. Der Staat versagt vor Ort!" machen sich die User Luft.

Das tendenziöse Interview zeigt klar: Meine ungeschönte Berichterstattung passt nicht ins Konzept, ins gewünschte Narrativ.

Kaum funktionieren nach einer Woche (!!!) die ersten staatlichen Strukturen, **soll das bisherige Versagen unter den Teppich gekehrt, totgeschwiegen werden**. Da dies im Fall meiner ungeschnittenen Live-Videos nicht möglich ist, probiert man mich zu diskreditieren. Doch zu viele Menschen kennen die Wahrheit, haben sie selbst vor Ort erlebt oder aus der Ferne durch meine Videos live mitverfolgt.

„Live Videos ungeschnitten? Nur hier!" – weise ich in einem Post noch einmal auf das Alleinstellungsmerkmal meiner Berichterstattung hin.

Vielleicht hätte das ZDF auch einfach mal einen Blick auf die Facebookseite eines anderen Landwirts werfen sollen, der seit Tag 1 in Walporzheim hilft. In einem Post vom 18. Juli, Tag 4 nach der Flut, zieht Jens Mechsner folgende Bilanz: „Ein weiterer erfolgreicher Tag geht zu Ende! Leider werden noch immer tote Menschen in den Trümmern gefunden… Alles nur Landwirte, Lohnunternehmer, Bauunternehmer, Forstwirte & Garten- und Landschaftsbauer, die das alles geleistet haben. Überhaupt keine Hilfe vom THW, Feuerwehr, Polizei oder Bundeswehr. Alle stehen mit über 300 Fahrzeugen auf einem Sammelplatz und sind am Essen & Erzählen. Unglaublich!!! Nach dem 3. Tag haben !!WIR UNS SELBER!! Lichtmasten, Stromgeneratoren, Dixi Toiletten & Duschcontainer besorgt. Selbst das Wasser für die Duschen müssen wir uns selbst von über 20 km weit weg besorgen. Das ist die nächste Stelle, wo es noch funktionierende Wasserleitungen gibt. Der nächste Tag fängt gleich wieder an. 20 Stunden müssen dann doch reichen."

Auch die Pressekonferenzen der ADD, die ich auf der heimatlichen Rückfahrt im Auto als Hörspiel laufen lasse, spiegeln nicht im Ansatz den desolaten Ist-Zustand, die Dramatik der Lage, die Realität, die Tausende Betroffene und Helfer tagtäglich durchleben müssen, wider. „Von welcher Katastrophe reden die eigentlich?", frage ich mich immer wieder fassungslos, wenn beispielsweise nach wenigen Wochen von einer zu 80 Prozent wieder hergestellten Infrastruktur im Tal die Rede ist – eine Fehlinformation, die jeder vor Ort widerlegen kann.

In einem Post fordere ich die ADD auf, „die nächste Pressekonferenz solltet ihr in einem Bus abhalten, der durch das Krisengebiet fährt! Könnte für beide Seiten im Bus interessant und aufschlussreich sein! Das Verhältnis von Privaten (Bauunternehmern, Bauern, Lohnern etc.) zu staatlichen Hilfsorganisationen in Bezug auf die Masse an

Schlamm, Müll und allem anderen, was aus den Orten gefahren wurde, liegt bei schätzungsweise 99:1! Das ist kein Vorwurf an die staatlichen Hilfskräfte, sondern der Tatsache geschuldet, dass sie Hilfsdienste in den ersten Tagen einfach weggeschickt haben, und niemand in Deutschland so viele schwere Maschinen mit Facharbeitern besitzt, wie der Mittelstand!"

Wie die ADD scheinen auch viele Medien den mühsamen Weg mitten ins Geschehen zu scheuen, verlassen sich auf Second-Hand-Informationen. **Die Journalisten, die tatsächlich ins Tal der Tränen reisen, kommen hingegen verändert zurück.** Ein Reporter, der mich für die Öffentlich-Rechtlichen einen Tag auf meinem Trecker begleitet, die tatsächliche Lage mit eigenen Augen erfasst und schockierende Bilder mit nach Hause nimmt, muss am nächsten Tag tief bewegt zugeben: **„Ich konnte die ganze Nacht nicht schlafen. Damit hätte ich nie gerechnet."** Aussagen wie diese festigen meinen Entschluss, die ungeschminkte Wahrheit zu dokumentieren, jeder soll wissen, was hier vor sich geht – eigentlich Aufgabe der Medien und nicht die eines Bauern aus Pulheim, doch in der Katastrophe hat sich mein Aufgabengebiet um so viele Bereiche erweitert, darauf kommt es nun auch nicht mehr an.

Es wird immer deutlicher, dass ich hinter der Handykamera mehr erreichen kann als im Fahrersitz des Kleinen Schwarzen.

Ohnehin kommen mehr und mehr Helfer ohne Maschinen, suchen Bagger, Traktoren, mit denen sie sich nützlich machen können. Schnell entwickelt sich ein regelrechtes „Reise nach Jerusalem"-System. Wer sein Fahrzeug nur kurz unbeaufsichtigt lässt, schnell zur Toilette geht oder was isst, muss bei seiner Rückkehr nicht selten feststellen, dass sich sein Radlader, Hoftrac oder Lkw nun mit einem anderen Maschinenführer im Arbeitskreislauf befindet, ein kontinuierlicher Zyklus, in dem keine wertvolle Zeit verschwendet wird. Auch ich stelle den Kleinen Schwarzen zur Verfügung, der inzwischen bekannte Fendt wird schon im Voraus „gebucht". Nachrichten wie „Ich bin morgen im Ahrtal, arbeite bei einem Lohnunternehmer, soll ich deinen Traktor fahren?" gehen immer öfter bei mir ein. Nach einer kurzen Einweisung sehe ich meine Maschine meist den ganzen Tag nicht, muss manchmal in Fahndungsvideos fragen „hat jemand den Kleinen Schwarzen gesehen?" oder in Posts den Fahrer meines Bulldogs bitten, sich bei mir zu melden, denn mittlerweile haben wir unseren Einsatzradius erweitert und uns auch auf andere Ortschaften verteilt. Um den Überblick nicht zu verlieren, wird der Walporzheimer Dorfplatz zum gemeinschaftlichen Treffpunkt auserkoren, an dem die Maschinen abends abzustellen sind.

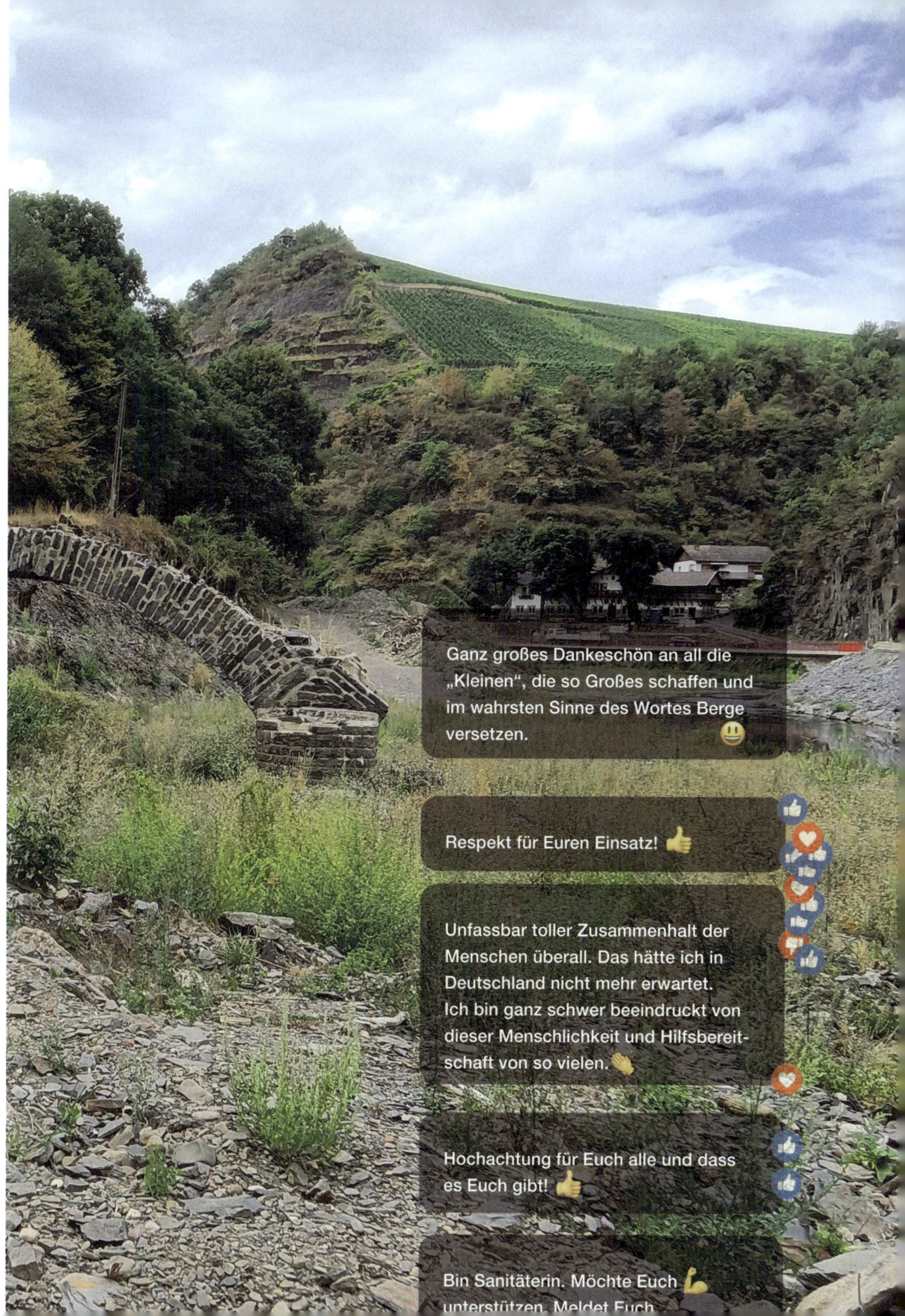

Derweil bin ich im Tal unterwegs, spreche mit Betroffenen, mit Helfern, klappere Versorgungsstationen, Frittenbuden, Suppenküchen, Materiallager ab. **Sehe mich als eine Art Hausmeister, der schaut, wo der Schuh drückt.** Wo müssen Regale aufgefüllt werden, welche Arbeitsmaterialien, Maschinen und Reparaturdienste werden wo zurzeit am dringendsten benötigt? **Bin Motivator, um helfende Hände und Spenden zu generieren.** Meine Erfahrung als Betriebsleiter und mein Marketingbackground kommen mir dabei zugute.

Das Ahrtal, die Betroffenen und Helfer sind mein Betrieb, den es am Laufen zu halten gilt.

Dafür setze ich einen gelungenen Mix aus Reality TV und „Schleichwerbung" ein, interviewe Betroffene, dokumentiere ein aktuelles Problem, bitte in einem anschließenden Aufruf um bestimmte Produkte, seien es Arbeitshandschuhe, Schippen, Eimer, trittfeste Schuhe, Lebensmittelnachschub oder aber Fachleute mit Kettensägen oder Spezialbaggern. Getreu meinem Credo „Jeder kann helfen" hoffe ich Zuschauer mit eben diesen Möglichkeiten oder Produkten zu erreichen, sie zu motivieren, sich einzubringen, zu helfen, jeder nach seinen Möglichkeiten. Dabei muss man nicht unbedingt schwere körperliche Arbeiten verrichten oder Spezialmaschinen bedienen – jeder Beitrag ist wichtig, ein unver-

zichtbarer Teil des Ganzen. Vom Lkw-Fahrer bis zum Helfer, der Kaffee kocht und Brötchen schmiert. Man muss noch nicht einmal körperlich anwesend sein, um Teil unserer einzigartigen Bewegung zu sein, kann in Stuttgart sitzen, in Bayern, an der Nordsee oder gar im Ausland und uns aus der Ferne mit Spenden am Laufen halten. „Und wenn es nur 1 Euro ist, aber wenn das 20.000 Leute machen…" Die Community interaktiv mit einzubinden ist mein Ziel, ich betone immer wieder „wie es hier unten läuft, hängt auch von euch ab" und webe so **ein ahrtalübergreifendes Netz der Hilfe**.

Ständig überlege ich, wie können wir den Menschen helfen, wie können wir Spenden generieren, Material und Helfer ins Tal bringen, die Aufmerksamkeit von Politikern und Medien erreichen? Ich entwickele eine regelrechte Marketingkampagne fürs Ahrtal. Nachdem ich ein Dutzend dreckverschmierte Helfer in meiner Erdmulde mit Polizeieskorte über die Autobahn in die Grafschaft chauffiere, kommt mir auf der nächtlichen Heimfahrt eine Idee. Die **„Uniform des Ahrtals"**, die matschbeschmierten Shirts und Hosen, haben bei mir einen bleibenden Eindruck hinterlassen: „Das sieht irgendwie gut aus, ich find' das steht vielen Leuten richtig, richtig gut", kommentiere ich in einem Video und rufe Firmen auf, diesen einzigartigen Look für beispielsweise T-Shirts zu nutzen und die Hälfte des Erlöses ins Ahrtal zu spenden. „So können wir Solidarität bekunden und eben etwas einnehmen. Ich würd' auch direkt zehn

T-Shirts bestellen“, verspreche ich. Als jemand, dem Arbeitsklamotten sowieso besser gefallen als normale Kleidung, kommt mir der Look entgegen. Mit „World of Merchandise“ und unserer Grafikdesignerin Steffi sollte ich in der Folge gute Partner für das Projekt finden, die Schmuddelshirts und -kapuzenjacken mit Slogans wie „Zusammenheld“, „Eimerkette“, „Aufbauer“ und später auch „Zintling“ waren geboren.

Die Stoff gewordene SolidAHRitätsbekundung sollte sich zum Bestseller entwickeln und sechsstellige Spendensummen für das Ahrtal generieren. Tassen, Käppis und Aufkleber haben inzwischen das Sortiment erweitert. Bilder von T-Shirts an exotischen Urlaubsdestinationen gehen bei mir ein, tragen die SolidAHRität in die Welt hinaus, lenken den Fokus auch außerhalb der bundesdeutschen Grenzen auf die andauernde Katastrophe. Währenddessen tragen die Helfer vor Ort die Shirts, um ihre Zugehörigkeit mit der Gemeinschaft zu demonstrieren, oft auch, um nicht als Flut-Touris abgestempelt zu werden.

Parallel versuche ich, die Aufmerksamkeit von Politik und Medien zu erregen, sie auf die immer noch desaströse Situation hinzuweisen, sie zwecks Berichterstattung ins Tal zu locken, um das volle Ausmaß der Katastrophe zu realisieren, zu dokumentieren und folglich mehr Hilfe zu generieren. Irgendwann muss doch mal jemand auf dieses Thema aufspringen, sich ausführlich damit beschäftigen, so meine andauernde Hoffnung. Denn so schockierend die Bilder auch sind, die ich mit meiner Handykamera einfange, nichts kann die Menschen auf die Realität vorbereiten, die sie im Tal erwartet.

Privat kontaktiere ich Dieter Könnes, mit dem ich mich schon per Messenger zu Themen wie Wolf und Elektromobilität ausgetauscht habe, und Martin Rütter, mit dem ich privat befreundet bin und der mich für eine Sondersendung zwei Tage im Tal begleitet. „Wie kann ich helfen, Markus?“, ist Könnes‘ Antwort und Frage zugleich. An Tag 24 treffen wir uns erstmals in persona im Ahrtal, verstehen uns sofort, sind auf der gleichen Wellenlänge, haben dasselbe Ziel, wollen unsere Fähigkeiten, unsere Möglichkeiten zugunsten der Betroffenen einsetzen.

Die Authentizität, das von Herzen kommende Bedürfnis, den Menschen zu helfen, sind Eigenschaften, die ich an beiden sehr schätze. Keine Show, kein extra ins Gesicht geschmierter Schlamm, keine Special Effects.

Durch meinen Bekanntheitsgrad bin ich inzwischen häufiger Talkgast in Funk und Fernsehen, unter anderem im WDR bei Bettina Böttinger und Sabine Heinrich, im Frühstücksfernsehen bei RTL, Sat 1, RTL 2, bei ZDF Frontal, bei „Neugier genügt“ in WDR 5, im Politmagazin Mainz beim SWR, bei Hier und Heute im WDR, bei ZDF heute, bei TV Mittelrhein und Dieter Könnes. Im Radio bin ich beim WDR zu Gast sowie in Podcasts mit Martin Rütter, Walter Peters, Christian Bischoff und Beate Wimmer. Auch die Printmedien fragen immer wieder an, sind interessiert an Berichterstattung aus erster Hand.

Bei meinem Blick durch die Kameralinse sind mir viele Begegnungen im Gedächtnis geblieben,

haben mich nachhaltig beeindruckt,
geprägt,
tief berührt.

Einer dieser ganz speziellen Momente ist mein erster Besuch auf dem Ahrweiler Friedhof, den es besonders schwer getroffen hat. Ganze Gräber sind weggeschwemmt, Autos liegen auf Grabsttätten, der einstige Ort der Einkehr, der Besinnung, des Gedenkens ein einziges Trümmerfeld.

Am Bürgersteig steht ein junger Helfer, 240 Kilometer ist er angereist – auf seinem Traktor. Nachts um halb 3 losgefahren, kurz nach 9 im Ahrtal angekommen. Erst vergangene Woche hat er seine Gesellenprüfung abgelegt, immer meine Videos verfolgt und zu seinem Chef gesagt: „Da fahr' ich hin." Auch er will mit anpacken, was bewegen. Fassungslos blickt er auf die Überreste des Friedhofs: „Eigentlich eine Ruhestätte, aber... diese Verwüstung", ringt er kopfschüttelnd nach Worten.

Ein paar Schritte weiter interviewe ich zwei Frauen, beide betroffen.

„Meine Mutter ist abgesoffen,
meine Tochter ist abgesoffen,
meine halbe Firma ist abgesoffen –
und mein Mann liegt hier,
und ich find' ihn nicht mehr...",

sagt eine der beiden und zeigt auf das zerstörte Gräberfeld, ihr Gesicht von Trauer und Verzweiflung gezeichnet. **Erst vergangenen Oktober hatte sie ihren Mann verloren, nun auch noch seine letzte Ruhestätte.**

Auf Sätze wie diesen ist niemand vorbereitet, mir fehlen die Worte, ich habe einen Kloß im Hals. Diese Flut hat wirklich niemanden verschont, kannte keine Empathie, kein Erbarmen, hat die Menschen nicht nur ihrer materiellen Existenzen beraubt, auch ihrer Bezugspunkte, ihrer Erinnerungsstätten, selbst ihrer Verstorbenen. Noch lange sollte ich an diese Begegnung denken, noch bestärkter in meinem Bestreben, das Leid so gut es geht zu mildern.

Mit meinen Videos will ich immer wieder kleine Schneeflocken werfen, um schlussendlich einen Schneeball zu kreieren, der eigenständig den Berg runterrollt. Und es sollte funktionieren. Es dauert nicht lange, bis die Menschen mich kennen, ich mich nicht mehr vorstellen, nicht mehr fragen muss:

„Darf ich filmen?"

Auf meinem Kanal verfolgen die Leute meinen Standort, kommen zu mir mit ihren Geschichten, ihren Anliegen. Meine zunehmende Popularität, meine signifikant gestiegene Reichweite beschert mir dabei nicht nur Freunde. Als jemand, der den Finger in die Wunde legt, systemkritisch Tacheles redet, lande ich auf der Liste der unerwünschten Personen bei der Pressekonferenz (PK) der ADD. Alle dürfen rein, doch bei mir winkt die Security ab, hat strenge Order, Markus Wipperfürth nicht reinzulassen. „Privat finden wir es klasse, was du machst, stehen voll hinter dir, aber hier haben wir eine klare Anweisung", geben die Türsteher zu. Das wundert mich nicht. Das, was passiert ist, hätte nie passieren dürfen. Geschweige denn auf einem Kanal mit einer Reichweite wie meiner nach außen getragen werden sollen. Dabei macht niemand den offiziellen Hilfskräften einen Vorwurf. Sie hätten es nicht alleine schaffen können. Haben nicht genug Spezialmaschinen, nicht genug Besen, Schippen, Eimer, sind machtlos angesichts der Dimensionen dieses Ausnahmezustandes. **Nur zusammen können wir diese Katastrophe bewältigen, unsere Kompetenzen kombinieren, Hand in Hand arbeiten.** Doch in den ersten zwei Wochen scheinen die freiwilligen Helfer nicht zu existieren, zumindest ist dies der Eindruck, den die PK immer wieder vermittelt. Vom heldenhaften Einsatz der Blaulichtfamilie ist immer wieder die Rede, doch Tausende von Land- und Forstwirten, Bauunternehmer sowie Privatleute, die Politikern und Blaulichtern in den ersten Tagen den Arsch gerettet haben, werden totgeschwiegen, waren nie da, existieren nicht – sind jedoch unauslöschlich in meinen Videos verewigt. **Dabei hätte es lediglich eines Dankeschöns, einer Anerkennung, einer Wertschätzung bedurft.** Für all die Menschen, die nicht wie Feuerwehr, DRK oder THW in Menschenrettung oder Katastrophenhilfe geschult sind, jedoch genau diese Aufgaben mangels genügend vorhandener Fachleute übernommen haben – freiwillig, kostenfrei und gerne. Für all die Menschen, die in ihrem Urlaub knietief im Matsch standen, ihre Überstunden mit dem Ausschippen von Kellern verbracht haben, ihren Job gekündigt haben, um fremden Menschen Hoffnung und Hilfe zu geben, ihr Leben ins Ahrtal verlagert haben, um den Betroffenen, die mit ihren Existenzen auch die greifbaren Beweise ihrer Vergangenheit verloren haben, wenigstens eine Zukunft zu geben. **All diesen Menschen aus tiefstem Herzen zu danken, gehört für mich zum guten Ton, zum Mindestanstand. Dass dies erst nach Wochen passiert, ärgert mich maßlos, macht wütend!**

„Funken der Hoffnung"- Tour | 4. Dezember 2021

Von all den besonderen Momenten, die ich im Ahrtal erleben durfte, ist mir einer besonders im Gedächtnis geblieben. Es ist Tag 2, noch immer ist mein Kopf mit der surreal erscheinenden Situation überfordert, weiß nicht, wo oben und unten ist, hinten oder vorne. Ist im Macher-Modus, sortieren und analysieren müssen warten. Mangels Offizieller wiegt die Verantwortung schwer, vor Ort die richtigen Entscheidungen zu treffen, mit den limitiert vorhandenen Ressourcen klarzukommen.

Doch mit Wilhelms Nachricht, seinem euphorischen Video, dass 50 Landwirte aus dem Westerwald mit ihren Maschinen den Aufrufen gefolgt und im Ahrtal eingetroffen sind, scheint sich eine Wende abzuzeichnen. Eine tonnenschwere Last fällt von meinen Schultern, die so dringend benötigte Unterstützung ist da, signalisiert: Ihr seid nicht allein. Ich bin überwältigt, erleichtert, den Tränen nahe. Stündlich kommen mehr. Tausende von ihnen haben mitten in der Erntezeit alles stehen und liegen gelassen, um den Menschen im Ahrtal zu helfen. Sind dabei aus ganz Deutschland angereist, oft Hunderte von Kilometern weit. Mein Bauernherz hätte nicht stolzer sein können, ich hatte es immer gewusst: Auf diese Community ist Verlass!

„
**Ihre Mission:
einen Funken
Hoffnung zu bringen,
einen Lichtblick
in dieser dunklen
Jahreszeit,
zu zeigen:
Wir haben euch
nicht vergessen.**

Ein halbes Jahr später sind sie wieder da – nicht mit Greifarm und Krokodilgebiss, sondern mit blinkenden Lämpchen, Plüschrentieren und beleuchteten Weihnachtsmännern auf der Haube. Ihre Mission: einen Funken Hoffnung zu bringen, einen Lichtblick in dieser dunklen Jahreszeit, zu zeigen: Wir haben euch nicht vergessen!

Wie eine Perlenkette ziehen sich die weihnachtlich geschmückten Traktoren durchs Tal, blinken, blitzen, lassen den Funken der Hoffnung überspringen, zaubern ein Lächeln auf die Gesichter der Zuschauer am Wegesrand. Fünf Züge sind es insgesamt, treffen sich in Dernau zum fulminanten Finale. Wie damals, denke ich. **Einer macht den Anfang, immer mehr folgen, zum Schluss sind wir viele – vereint fürs Ahrtal und seine Menschen.** Noch bis tief in die Nacht kann man aus den Weinbergen den blinkenden und hupenden Konvoi gegen das Vergessen verfolgen. Ein deutlicheres Zeichen kann man kaum setzen.

Meine Gefühlswaschmaschine ist im Schleudergang, ich bin überwältigt, stolz und zutiefst beeindruckt. 1500 Gespanne haben den Ruf des Ahrtals gehört, sind wiedergekommen, viele Bekannte darunter, Menschen, die ich unter den katastrophalen Umständen der ersten Wochen kennengelernt habe – nun ein Wiedersehen unter anderen Vorzeichen. Wieder sollten die Landwirte ihre Maschinen zu Gunsten der Menschen einsetzen, dieses Mal nicht als Arbeitsgerät, sondern als emotionales Instrument, um Licht zu bringen, zu demonstrieren: „Wir stehen weiter hinter euch!" Die Nummernschilder zeigen: Auch dieses Mal sind Landwirte aus ganz Deutschland angereist, haben Stunden auf ihrem Trecker für die Anreise verbracht, davor weitere Stunden, um ihr Gefährt weihnachtlich zu schmücken. Auch sie konnten das Ahrtal und ihre Menschen nicht vergessen, sind durch ihren Einsatz nachhaltig verändert. Tiefe Freundschaften sind entstanden, mit Betroffenen, anderen Helfern. **Erlebnisse wie diese schweißen zusammen, die Erinnerungen halten ein Leben lang.**

Zwischen leuchtende Kinderaugen, die beim Anblick der illuminierten Gespanne strahlen, mischt sich auch die eine oder andere Träne der Betroffenen. Der Anblick weckt Erinnerungen an schlimme Zeiten, als eben diese Maschinen die letzten Überreste ihrer Existenzen zur Seite räumten, Verstorbene bargen, das ganze Ausmaß dieser Katastrophe sichtbar machten. Doch die Maschinen symbolisieren auch Trost, versprechen Hilfe und Hoffnung, wie damals. Ihre Rückkehr, die einmal mehr sagt: „Wir sind für euch da, ihr seid nicht allein", löst tiefe Dankbarkeit aus, lässt Hoffnung schöpfen, gerade in der dunklen Jahreszeit. Nach adrenalingefüllten Wochen mit Entschlammen, Entkernen und Entrümpeln ist nun die Ruhephase des Trocknens, der große Soloauftritt des Bautrockners, gekommen. Zum ersten Mal haben die Menschen die Möglichkeit, zur Ruhe zu kommen, innerlich wie äußerlich.

Viele Helfer machen sich Sorgen ob dieser inneren Einkehr, der ersten Chance für zahlreiche Betroffene, das ganze Ausmaß ihres komplett auf den Kopf gestellten Lebens zu begreifen. Niemand spricht darüber, doch alle wissen: Die Suizidrate ist hoch im Tal. Gerade bei den Älteren. Vor den Scherben ihrer Existenz stehend, sehen sie keinen Ausweg, haben nicht die Kraft für den Wiederaufbau, keine finanziellen Mittel, keine Unterstützung. Die Not ist groß und flächendeckend, Hilfe kann nicht überall gleichzeitig sein. Zahlen im dreistelligen Bereich machen die Runde. Dies bestärkt uns in unserem Bemühen, einmal mehr einen Schimmer der Hoffnung ins Tal zu tragen, unsere SolidAHRität zu bekunden, den Menschen zu zeigen:

Wenn ihr uns braucht, sind wir da.

Solidaritätsbekundungen zur Weihnachtszeit sind für Landwirte nichts Ungewöhnliches. In der Corona-Zeit, die besonders den Kindern so viel genommen hat – seien es Martinszüge, Nikolausfeste oder Weihnachtsmärkte – zauberten „Funken der Hoffnung"-Touren in ganz Deutschland ein Lächeln auf Kindergesichter, vor allem in Krankenhäusern. Auch auf unserem Hahnenhof haben wir seit vielen Jahren eine Nikolaustradition, bieten entsprechend verkleidet Traktorfahrten um ein Winterfeuer im Feld an. Spenden der Eltern gehen dabei an die TheraKids, einen Verein, der beeinträchtigten Menschen erlebnispädagogisches Reiten ermöglicht. Aktionen wie diese und nicht zuletzt der Einsatz meines Berufstandes im Ahrtal scheinen die Wahrnehmung der Landwirte in der Öffentlichkeit langsam zum Positiven zu verändern. Statt mit Kopfschütteln oder „dem Finger" werden wir bei unseren Runden auf Feld oder Landstraße freundlich gegrüßt. Eine gewisse Wertschätzung, eine neu gewonnene Achtung macht sich breit für die Menschen, die nichts Geringeres leisten, als für unsere tägliche Nahrung zu sorgen. Das Garn, mit dem die Mär des dummen Bauern gesponnen wird, wird dünner, die Hoffnung, dass kommende Generationen Landwirte dieses Stigma nicht mehr tragen müssen, keimt auf.

WE
AHR
FAMILY

EIN FUNKEN
Hoffnung
OHNE BAUERN
GEHT ES NICHT!

„

Ein halbes Jahr später sind sie wieder da – nicht mit Greifarm und Krokodilgebiss, sondern mit blinkenden Lämpchen, Plüschrentieren und beleuchteten Weihnachtsmännern auf der Haube.

Dundu | 12. Dezember 2021

Es ist ein typischer Dezembertag, windig, kalt und ungemütlich, als ein illuminierter Gigant aus „Traumstoff und Liebe“ Wärme und Licht ins Ahrtal bringt. Nach dem „Funken der Hoffnung“-Tour ist meine Begegnung mit Dundu einer der emotionalsten Momente für mich.

Ich bin spät dran wie immer, als ich an Zintels Deponie parke, war noch bei meinem Vater im Krankenhaus. Seit Wochen ist sein Gesundheitszustand kritisch, jeden Moment könnte das Ende kommen. Mein Kopf ist voll mit Sorge um ihn, ich weiß nie, ob es das letzte Mal ist, wenn ich mich von ihm verabschiede. Mein emotionaler Zustand dementsprechend vulnerabel. Als ich aussteige, bauen die fünf Puppenspieler, die Dundu Leben einhauchen, die imposante Lichtgestalt gerade liebevoll zusammen, schrauben die Stangen aneinander, mit denen sie Dundu bewegen, ziehen Plastikbeutel über seine strahlend weißen Füße als Schutz vor Dreck und Schlamm. In ihrem harmonischen Zusammenspiel hauchen sie der Kunstfigur Leben ein.

Für mich das perfekte Synonym des Ahrtal-Phänomens: Tausende Menschen, die gemeinsam etwas Totes wieder zum Leben erwecken.

Wieder muss ich an meinen Vater denken, für ihn geht der Weg in die andere Richtung. Schon seit zwei Jahren rechnen wir mit seinem baldigen Ableben, doch mein Vater ist zäh, steigt wie ein Phönix immer wieder aus der Asche, überrascht uns ein ums andere Mal.

Inzwischen ist auch Dundu zum Leben erwacht, schreitet auf einem sphärischen Klangteppich, den Dundu-Mitgründer Stefan Charisius mit der Kora, einer westafrikanischen Laute ausbreitet, runter zur Ahr. Spaziergänger beobachten das Spektakel mit offenen Mündern, Autofahrer hupen, winken, bedanken sich für den gestrigen Abend, als Dundu in Mayschoß Herzen öffnete und Seelen berührte – der sanfte Gigant lässt niemanden kalt. Passend zu den magischen Momenten, die Dundu den Menschen schenkt, kreiert Stefan Charisius den stimmigen Soundtrack, schafft mystische Melodien. Auch hier die musikalische Improvisation eine Metapher für die Kreativität und den Einfallsreichtum der ersten Tage und Wochen nach der Katastrophe.

An der Ahr angekommen, geht Dundu in die Hocke, bedächtig nimmt er eine Rose entgegen, lässt sie sanft in die Ahr gleiten. Die Melodien der Kora werden hoffnungsvoller, erzählen von Trauer und Schmerz, aber auch von Trost und Kraft, vom Licht am Ende des Tunnels. Mit 134 Rosen, eine für jedes Todesopfer der Flut, besänftigt Dundu den nun ruhig dahinplätschernden Fluss,

gibt als gesichtslose Gestalt all denen ein Gesicht, die die mörderischen Fluten nicht überlebt haben.

Ich kämpfe mit den Tränen, zittere nicht nur vor Kälte. Dundu hat auch meine Seele berührt, mein Herz geöffnet. Wieder muss ich an meinen Vater denken, habe das Bedürfnis, gleich eine Kerze für ihn in der Walporzheimer Kapelle anzuzünden. All die Emotionen, die ich in den vergangenen Monaten sorgsam in Schubladen gepackt habe – all die Not und das Leid, aber auch die rührende Menschlichkeit der gelebten SolidAHRität – suchen den Weg nach draußen, wollen gehört, gelebt, losgelassen werden. Wie die Rosen, die nun im Gedenken an jene schicksalshafte Nacht von den Kora-Klängen begleitet langsam ahrabwärts treiben...

Wolpertsheim oder Walporzheim?

Auch wenn ich im vergangenen Jahr in vielen Orten ahrauf- und abwärts tätig war und das Ahrtal von Schuld bis Sinzig ins Herz geschlossen habe, so bin ich mit Walporzheim am innigsten verbunden.

Als mein erster und längster Einsatzort habe ich dort die meisten Kontakte geknüpft, erstmals mit Betroffenen gesprochen, zum ersten Mal einen Blick in Flut geschädigte Häuser geworfen, das ganze Ausmaß der unvorstellbaren Katastrophe begriffen. Durch meine Aufrufe steht der kleine Ortsteil von Bad Neuenahr-Ahrweiler oft im Fokus, per Video erbetene Maschinen und Hilfsgüter landen hier, die Dankbarkeit der Menschen kennt keine Grenzen, auch was die Kreativität angeht. Ein neues Ortsschild kündigt Besuchern das Helferdorf Hartzintelfürth, Gemeinde Walporzheim, an und der Platz neben der Kapelle, Standort des ersten Versorgungszeltes, wird zum „Wipperfürthplatz" auserkoren. Das dazugehörige Straßenschild hat nun einen Ehrenplatz bei mir zu Hause.

Noch heute halte ich Kontakt mit Anwohnern, bin jetzt Mitglied im Förderverein der St. Josefskapelle und kann inzwischen auch den Namen fehlerfrei aussprechen. Denn gerade in Videos der ersten Tage können aufmerksame Zuhörer des Öfteren statt des korrekten Walporzheims ein verballhorntes Wolpertsheim hören – jedoch nicht zu verwechseln mit dem bayerischen Fabelwesen Wolpertinger, einem entfernten Verwandten des alpenländischen Zintlings...

Lex Ahrtal

Mit der Flut schwappt auch eine neue Legislatur durch das Tal: **Die Lex Ahrtal – oder die Anarchie der Liebe.** Der Krisenlage geschuldet ist plötzlich alles möglich, alles geht, Regeln und Vorschriften sind außer Kraft gesetzt, aufgehoben, werden für viele Monate ein Relikt der vermeintlichen Normalität, die inzwischen wie eine entfernte Erinnerung anmutet.

Abseits aller urdeutschen Strukturen lassen wir unserer Kreativität freien Lauf, improvisieren, arbeiten mit dem, was die Ausnahmesituation uns gibt.

Wir machen uns die Welt, wie sie uns gefällt, beziehungsweise, wie sie am praktikabelsten ist. Die Straßenverkehrsordnung, eine tragende Säule der deutschen Kultur, muss als Erstes dran glauben. Wir kreieren Einbahnsysteme, müssen bisweilen rote Ampeln ignorieren, fahren teils mit schweren Baumaschinen wie Schwerlastdumpern aus Steinbrüchen durch die Orte, mehr als einmal passiere ich den eigentlich noch gesperrten Tunnel. Vorkommnisse, die unter normalen

Bedingungen sofort eine Strafe mit sich geführt hätten. Doch die Not macht's möglich, geradezu notwendig. Das unausgesprochene Verständnis der besonderen Situation und ihrer dadurch bedingten außerordentlichen Maßnahmen zeigt sich auch in der reibungslosen Zusammenarbeit mit den Polizeibeamten. Statt durch sture Paragraphentreue zeichnen sie sich als Freund und Helfer aus, drücken des Öfteren ein Auge zu, arbeiten mit uns Hand in Hand.

So auch an Tag 8, als der Kleine Schwarze unverhofft Autobahnpremiere feiern darf. Noch dazu mit einer Erdmulde voller Helfer und eskortiert von der Polizei. Vor dem 14. Juli ein Ding der Unmöglichkeit. Doch statt mich mit meinem Gespann über den langen, zeitintensiven Umweg in die Grafschaft zu schicken und die Helfer auf eine Mitfahrgelegenheit warten zu lassen, siegt die praktische Vernunft. Alles einsteigen, heißt es sodann, rein in die Erdmulde, rauf auf die Autobahn, und schon 20 Minuten später kommen wir beim Helfer-Shuttle in der Grafschaft an. Wenn es doch nur immer so einfach wäre.

Die Katastrophe macht uns alle gleich,
hierarchische Strukturen,
Status und Rang existieren nicht.
Im Bestreben zu helfen,
nützlich zu sein,
unterstützen wir uns gegenseitig.

Im Versorgungszelt schnippeln Polizisten Gemüse, Bundespräsident Steinmeier ist beim Besuch am Helfer-Shuttle einfach nur „Helfer Frank-Walter“, die in unserer Gesellschaft allgegenwärtigen Ellenbogen sind eingepackt, man greift sich gegenseitig unter die Arme. Herzlich ist es, schön, und macht einfach nur Spaß. Wir zeigen, was möglich ist, wenn alle an einem Strang ziehen, sich außerhalb eines limitierenden Regelwerks ausleben können; wenn viele Menschen ihre Fachkenntnisse und Talente für ein gemeinsames Ziel einsetzen. Anarchische Zustände, die oft mit einem negativen Beigeschmack verbunden sind, bekommen hier durch das hehre Ziel der Hilfe eine positive Assoziation: eine Anarchie der Liebe.

Wir zeigen, was möglich ist, wenn alle an einem Strang ziehen, sich außerhalb eines limitierenden Regelwerks ausleben können; wenn viele Menschen ihre Fachkenntnisse und Talente für ein gemeinsames Ziel einsetzen.

Die tiefe Dankbarkeit und Wertschätzung sind auch für uns Landwirte ein Novum. Jeder grüßt, winkt, hupt anerkennend, wenn wir vorbeifahren. Wo sich sonst Pkw schnell an uns vorbeidrängeln, um bloß nicht hinter uns zu landen, haben wir nun überall Vorfahrt, werden bevorzugt durchgewunken, geradezu hofiert. Jeder hat verstanden, welche Dringlichkeit unsere Arbeit hat, wie wichtig sie ist. Zählt in der Ernte jeder Heuballen vor dem Regen, so ist es hier jede mit Schutt gefüllte Erdkarre, um möglichst schnell Zuwege freizuräumen. Ähnliches kenne ich nur aus Amerika, wo die systemrelevante Landwirtschaft im Gegensatz zu Deutschland ein geachteter Berufszweig ist. Bei einem Besuch auf der Farm meiner ausgewanderten Verwandtschaft erlebe ich aus erster Hand den eklatanten Unterschied im Vergleich zu Deutschland. Fast täglich sind wir zu Hause Beleidigungen oder derben Gesten ausgesetzt, müssen uns beschimpfen und zum Sündenbock degradieren lassen. Hier jedoch zeigt sich das Wohlwollen und der Respekt der Bevölkerung in freundlichem Winken oder dem universellen Ritterschlag, dem klassischen Wippi-Daumen nach oben. 👍

ZUSAMMENHELD

...SOMMER 2021

Jeder tut, was er kann

So individuell die Schicksale, die die brutale Naturkatastrophe hinterlassen hat, so einzigartig auch die Hilfen, die die Betroffenen erfahren.

Jeder kann helfen,

sei es beim Schlamm schippen, Müll abtransportieren, Kaffee kochen, Brötchen schmieren oder auch finanziell, betone ich seit Tag 1. Auch wer keine schwere körperliche Arbeit leisten kann, ist wertvolles und vollwertiges Glied der Eimerkette, setzt seine Fähigkeiten in anderen Bereichen ein. Man muss noch nicht einmal persönlich anwesend sein, um zu helfen.

Bei Tausenden von Menschen, die größtenteils ihr komplettes Hab und Gut verloren haben – von Kleidung über Möbel bis hin zu Spielsachen, Weißware und Elektrogeräten – **macht jeder gespendete Euro einen Unterschied.** Jedes Paar Arbeitsschuhe, jede Schubkarre, jede Flasche Wasser, jeder Verbandskasten, der in den zahlreichen Versorgungszentren landet. Jeder tut, was er kann, lautet das Motto und auch hier sind der Kreativität der Menschen keine Grenzen gesetzt. Genau wie wir bei den täglichen Herausforderungen vor Ort oft lösungsorientiert improvisieren müssen, lassen die Menschen ihrem Einfallsreichtum freien Lauf, finden immer wieder erstaunliche Möglichkeiten, sich einzubringen.

Es ist die Geburtsstunde der SolidAHRität,

dieser unübertroffenen Welle der Hilfsbereitschaft, die nach der mörderischen Flut durch das Tal schwappt und sich wie wohltuender Balsam auf die geschundenen Seelen der Betroffenen legt.

Mit ihr hatte keiner gerechnet. Spontanität, grenzenlose Empathie und Herzlichkeit sind nicht gerade Attribute, die man der bundesdeutschen Seele nachsagt. Doch fast scheint es, als hätten sich die Menschen nach dieser Nähe gesehnt, genießen das Miteinander, den Zusammenhalt, die Gemeinschaft. **Nicht umsonst heißt es „Not schweißt zusammen", und das Ahrtal ist der gelebte Beweis.** Nachbarn, die sich vor der Flut nicht grün sind, halten plötzlich zusammen, der Kirschbaum, der über die Grundstücksgrenze hängt, ist das geringste Problem. Religion, Nationalität, Parteibuch, Status – alles keine Faktoren.

Jeder ist gleich, jeder bringt sich ein, so gut er kann. Nicht wenige verbringen jede freie Minute, jedes Wochenende knietief in zugeschlammten Kellern, nehmen unbezahlten Urlaub, sagen ihre Sommer-Reise ab, tauschen Bikini und Sonnenhut gegen Schippe und Eimer. Von norddeutschen Dialekten bis tiefstes Bayrisch ist alles vertreten, sogar aus dem Ausland sind Menschen zum Helfen gekommen. „Wenn wir in Deutschland so eine Motivation, so eine Stimmung oder so einen Rutsch hätten, dann wären wir erstmal die glücklichsten Menschen der Welt, und nebenbei noch Weltmarktführer", bringt es Peter Eyberg bei einer gemeinsamen Traktorfahrt an Tag 8 gekonnt auf den Punkt.

Als ich an Tag 24 mit Dieter Könnes durchs Tal fahre, treffen wir Zaheer an einem Essensstand in Mayschoß. Er trägt ein strahlend weißes „Wir sind alle Deutschland"-T-Shirt und gehört zur islamischen Gemeinschaft Ahmadiyya Muslim Jamaat. Bereits seit zweieinhalb Wochen ist die Glaubensgemeinschaft mit bis zu 300 ehrenamtlichen Helfern in allen betroffenen Orten an der Ahr im Einsatz, bereitet in fünf Küchen im Umkreis täglich frisches Essen zu.

Heute sind 680 warme Mahlzeiten, 500 Nachspeisen und 780 Samosas im Angebot, erklärt Zaheer, während er das köstlich duftende Essen ausgibt. Doch die Gemeinde macht noch mehr, liefert Essen von Tür zu Tür an gehbehinderte oder ältere Menschen. Viele scheuen sich, aus dem Haus zu gehen und um Spenden zu bitten. Die Würde des

Menschen muss respektiert werden, betont Zaheer, aber „eine warme Speise am Tag muss sein“, erzählt er lächelnd. Seine Motivation zum Helfen? **„Das ist die Lehre meines Glaubens und auch die Erziehung meiner Eltern.“** Er selbst ist aus Neuss, seine Mitstreiter kommen aus Leverkusen, Düren, Aachen, Köln, sogar Berlin und Augsburg, verzichten auf Lohn und Arbeit, um den Menschen im Ahrtal zu helfen. „Ich hab‘ ja gesehen, was die Menschen alles verloren haben, dann kann ich nicht an mein Geschäft denken. An erster Stelle muss den Menschen geholfen werden, das ist das Wichtigste. Alles andere im Leben kann man noch verdienen, aber den Menschen vor Ort muss sofort geholfen werden, da muss jeder mitanpacken und zum Glück, was ich bis jetzt gesehen habe, packen auch die meisten mit an“, fasst Zaheer zusammen, als ich mich nicht nur mit einem warmen Gefühl im Magen, sondern auch im Herzen von ihm verabschiede.

Auch Wochen nach der Katastrophe berührt mich die Hilfsbereitschaft der Menschen immer noch tief, erstaunt mich ob ihrer schier grenzenlosen Kreativität, erfüllt mich mit unendlicher Dankbarkeit, gibt mir den den Glauben an die Menschen, an die Menschlichkeit zurück. Bei meinen Touren durchs Tal werde ich täglich Zeuge der vielen einfallsreichen Ideen, mit denen die Menschen helfen. Seien es frische Schnittblumen, damit die Betroffenen mal etwas Schönes, etwas anderes als Schutt und Trümmer, sehen oder selbst gestrickte und gehäkelte Mützen und Socken für die kalte Jahreszeit, handbemalte Mutmachersteine, die zum Durchhalten motivieren, oder Menschen, die jedes Wochenende ihr Auto vollpacken und Hilfsgüter auf der Straße verteilen. Wiederum andere schreiben Lieder, Gedichte, Bücher, deren Erlös ins Tal fließt – Hilfe ist auf mehr als einer Ebene nötig und möglich, jeder tut, was er kann im ganzheitlichen Wiederaufbauprozess.

Wie Zaheer und seine Gemeinde bin auch ich nur einer von vielen, stehe exemplarisch für all diejenigen, die sich selbstlos und empathisch einbringen. Anregungen, meinen Einsatz mit dem Bundesverdienstkreuz zu würdigen, lehne ich kategorisch ab: **„Entweder alle oder keiner"** lautet meine klare Ansage.

**Denn auch ich
bin nur ein kleiner Teil
des großen Ganzen,
ein Glied der Eimerkette,
ein Stellvertreter für viele.**

Wie die Pilze schießen mannigfaltige Hilfsangebote aus dem Boden, eine Menschenkette aus unzähligen Mitgliedern steht hinter den Betroffenen.

Eine Stommeler Bäckerei spendet beispielsweise säckeweise Brötchen für das Walporzheimer Versorgungszelt, in einer gemeinsamen Aktion werden Weckmänner für das Ahrtal gebacken, geschickte Schrauber und Handwerker schließen sich in Organisationen wie der Helferwerkstatt, den Erlektroseelsorge(r)n oder auch den Tunnelhelden zusammen, ohne die vor allem viele Winzer nicht ihre Ernte 2021 hätten retten können.

Auch meine Berufskollegen bringen sich nicht nur mit Maschinen und Arbeitskraft ein, sie veranstalten Trödelmärkte und Treckerkinos zugunsten des Ahrtals und machen sich zu meiner großen Freude auch kulinarisch verdient. Wieder sind es Landwirte aus dem Westerwald, die nicht nur mit rund 50 Gespannen an Tag 2 für Freudentränen bei uns allen sorgen, sondern auch im Morgengrauen aufstehen, 250 Kühe melken, Hof und Familie versorgen, und dann im Ahrtal an einer Frittenbude Essen ausgeben. Nicht zu vergessen die Westerwälder Landfrauen, über Monate hinweg zuverlässige Lieferanten von leckeren

Suppen und köstlichen Kuchen und damit immer wieder Anlaufstelle für meine inzwischen bekannte Kuchensucht.

Doch auch die Hilfe für die Helfer ist nicht zu unterschätzen. Jeder, der im Ahrtal mit anpackt, fehlt zu Hause, im Betrieb, auf der Arbeit, muss ersetzt werden. Auch ich bekomme Anrufe mit Angeboten, meine Ernte einzufahren, damit ich weiter vor Ort helfen kann. Jeder, der einen Helfer ersetzt, macht dessen Arbeitseinsatz erst möglich, mache ich immer wieder in meinen Aufrufen deutlich, habe dabei besonders die Doppelbelastung meiner Berufskollegen mit der parallellaufenden Ernte im Blick.

Auch Wochen nach der Katastrophe berührt mich die Hilfsbereitschaft zutiefst, gibt mir den Glauben an die Menschen zurück.

Manche verschlägt es gar permanent ins Tal. Längst haben sich Freundschaften gebildet, gewachsen aus den Erlebnissen der gemeinsam durchlebten Ausnahmesituation. Schlagworte wie „Aus Fremden sind Freunde geworden" oder „Alle 11 Minuten verliebt sich ein Helfer ins Ahrtal" spiegeln diesen Zeitgeist wider. Von einer nie erlebten Wertschätzung getrieben oder aber einem dringend ersehnten Weckruf folgend, aus ihrem unbefriedigenden Alltag auszubrechen, geben sie ihr Leben vor der Flut auf, bauen sich ein neues im Katastrophengebiet auf. Nach einem monatelangen Miteinander verschwimmen die Grenzen zwischen Betroffenen und Helfern, die einst temporär angereisten „helfenden Hände" werden zu Ahrtalern. Weitere Mitglieder der menschlichen Eimerkette, die sich aus Liebe zum Tal und seinen Bewohnern noch Jahre, wenn nicht Jahrzehnte, dem Wiederaufbau widmen. Die Flut hat sie angespült, das Tal nicht mehr losgelassen, sie zu den seinen gemacht.

Jeder Helfer
ist ein
HELD
@rifka_rah
@rifka_rah.art
www.rifkarah.com
Rifka
21 rah

KRAFT

WE
AHR
ONE

„Nach einem monatelangen Miteinander verschwimmen die Grenzen zwischen Betroffenen und Helfern, die einst temporär angereisten „helfenden Hände" werden zu Ahrtalern.

Viele Monate später

Wie Kamikazepiloten schießen die Schwalben durch den frühsommerlichen Himmel, durchbrechen während ihrer abenteuerlichen Flugmanöver blitzschnell die Wasseroberfläche und stillen ihren Durst. Paul Herrmann döst zufrieden im Schatten, erschöpft nach einer weiteren erfolglosen Mäusejagd. Schnatternd landet eine Schar Nilgänse im Wasserbecken, ihre Rufe vermischen sich mit dem Wiehern und Schnauben der Pferde, dem Kläffen der Hunde und den Wortfetzen der Besucher auf Haus Furth. Knapp ein Jahr nach der größten Naturkatastrophe, die Deutschland nach dem Zweiten Weltkrieg erleben musste, bin ich größtenteils zu meiner Version von „Unsere kleine Farm" zurückgekehrt. Dies ist mein Soundtrack, meine Kulisse, meine heile Welt, mein Leben. Acht Monate hatte ich meine Familie, meine Höfe, mein Unternehmen hintangestellt, all meine Energie ins Ahrtal gesteckt, in der Hoffnung, den Menschen im Rahmen meiner Möglichkeiten zu helfen.

So vieles haben wir bewegt.
Nicht nur Trümmer und Schutt,
eine ganze Bewegung
haben wir in Gang gesetzt.

Als Teil eines großen Ganzen, als Rad in einem komplexen Uhrwerk stehe ich für viele Tausende, die nicht nur den betroffenen Menschen im Ahrtal Hilfe und Hoffnung gegeben haben, sondern einer ganzen Nation den Glauben an die Menschheit, an das fundamental Gute im Homo sapiens. In einer beeindruckenden Demonstration gelebter Menschlichkeit lassen Werte wie Gemeinschaft, Zusammenhalt und SolidAHRität die Gesellschaft zusammenwachsen, ermöglichen es, gemeinsam eine nie zuvor erlebte Katastrophe diesen Ausmaßes zu bewältigen. Ich bin demütig und dankbar, Teil dieses Ganzen zu sein, diese einzigartige Bewegung von Anfang an miterlebt haben zu dürfen.

Wie viele andere Tausende, hat das Ahrtal auch mein Leben, mein Innerstes für immer verändert, wird ewig einen Platz in meinem Herzen haben. Man kann einen Menschen aus dem Ahrtal holen, aber das Ahrtal nicht aus einem Menschen... Zu viele Erinnerungen, zu viele Begegnungen, Ereignisse, die einen tiefen Eindruck hinterlassen haben. Noch immer versetzt mich jeder voll beladene Sperrmüllwagen, jeder schlammüberzogene Trecker mit Erdmulde augenblicklich in jene Zeit, bringt Bilder, Gerüche, Empfindungen zurück.
Ich freue mich über jeden Termin, jeden Anlass, den ich für einen Besuch nutzen kann. Wäre auch heute gerne in meine Wahlheimat gefahren, doch auf Haus Furth ist Turnier, auf das ich mich schon seit Wochen freue. Allerdings sollte ich nicht lange traurig sein. Denn auch wenn ich nicht zum Ahrtal kommen kann, das Ahrtal kommt zu mir. Nach einem Live-Video, in dem ich vom Turnier berichte, nutzen ein paar ehemalige Helfer die Gelegenheit, auf ein Schwätzchen vorbeizuschauen. Es dauert nicht lange, bis wir in Erinnerungen schwelgen, augenblicklich wieder verbunden durch das gemeinsam Erlebte. Peter hat damals Tag und Nacht Reifen repariert, uns unbezahlbare Dienste geleistet, unsere Maschinen und damit auch unsere Hilfe am Laufen gehalten. Ist privat angereist, übernachtet in seinem Auto. Kurze Zeit später kommt seine Frau nach, hilft wochenlang im Versorgungszelt. Es ist einfach wunderbar, die beiden heute hier wiederzusehen, mich mit ihnen auszutauschen, tiefgreifende Gespräche zu führen. Durch das Ahrtal werden wir immer verbunden sein.

„Wegen deinen Videos bin ich damals ins Ahrtal gefahren."

Nicht selten beginnen Gespräche mit Helfern mit diesem Satz, gefolgt von lebhaften Erfahrungsberichten. Auch Menschen, die nicht vor Ort waren, sprechen mich auf meinen Einsatz an, verfolgen meine Videos, nehmen aus der Ferne teil, werden digital Teil des Ganzen. Begegnungen wie diese zeigen mir immer wieder deutlich, der Sommer 2021, das war nichts Kleines, das war etwas ganz Besonderes, etwas, das man nur einmal im Leben erfährt...

„Dies ist mein Soundtrack,
meine Kulisse,
meine heile Welt,
mein Leben.

Tag 366 | 15. Juli 2022

Es ist 13.42 Uhr, als ich am 15. Juli 2022 wieder auf der Walporzheimer Straße stehe. Dort, wo ich auf die Minute genau vor einem Jahr mit dem Kleinen Schwarzen angekommen bin.

**Naiv ob des tatsächlichen Schadensausmaßes,
begierig zu helfen,
ahnungslos,
was mich erwarten würde.**

Bedächtig gehe ich die Straße entlang, in meinem Kopf drängen sich die Bilder der Vergangenheit nach vorne, überschneiden sich mit den Momentaufnahmen der Realität. Fast glaube ich den unverkennbaren Geruch wieder in der Nase zu haben, die drückende Schwüle zu fühlen, die gespenstische Stille, die uns umgeben hat, wahrzunehmen. Ich lenke meine Schritte vorbei an der ehemaligen Weinbauschule. Hier haben wir den ersten Gas-Tank auf dem Bürgersteig gefunden, das erste Zeichen, dass etwas nicht stimmt. Ein Stück weiter liegt Holgers Garage, damals unsere zweite Heimat. Wie viele Freundschaften hier bei Würstchen und Bier entstanden sind, frage ich mich, sehe uns

„Wie ein
Gipfelkreuz
hatte die Spitze
der Kapelle
damals aus dem
unbegreiflichen
Chaos herausgeragt,
wurde mein Ziel,
mein sicherer Hafen,
mein Rückzugsort.

vor meinem geistigen Auge dreckverschmiert auf den Bierzeltgarnituren sitzen, Menschen aus ganz Deutschland, manche sogar aus dem Ausland angereist. Die gemeinsam durchstandene Ausnahmesituation hat uns zusammengeschweißt, für immer verbunden, nie werden wir diese ganz besondere Zeit vergessen.

Ein paar Meter weiter das Fitnessstudio, unser Lager, Krankenstation und Standort der sehnlichst erwarteten Duschen und Toiletten. Direkt nebenan das Landhotel, wo ich in den ersten beiden Nächten wenigstens ein paar Stunden zur Ruhe kommen konnte, voller Scham so siffig in den frischen, weißen Laken zu liegen.

An der Ecke Walporzheimer Straße/Pfaffenbergstraße entdecke ich das Jesuskreuz, habe die umgefallenen Weinflaschen und -gläser vor Augen, die mir damals als Erstes aufgefallen sind. „Da ist wohl jemand bei einem Gelage überrascht worden", hatte ich gedacht, nichtsahnend, was sich noch vor wenigen Stunden wirklich abgespielt hatte. „Walporzheimer Alte Lay 2018" stand auf dem dreckverschmierten Etikett, erinnere ich mich.

Langsam nähere ich mich dem damaligen Epizentrum. Ich halte inne, hole tief Luft, sauge jedes Detail meiner Umgebung auf, scanne jeden Zentimeter, schließe die Augen. Ich muss nicht lange auf den Abgleich mit der Vergangenheit warten. Unauslöschlich sind die Bilder jenes ersten Tages für immer in meinem Kopf eingebrannt. Die surreale Szenerie mit meterhohen Stapeln aus Holz, Weinfässern, Müll und Autos, mitgerissen von unvorstellbar brachialen Kräften, Möbeln, die aus Fenstern gedrückt wurden und tonnenschweren Baumstämmen in Wohnzimmerfenstern, hatte meine Vorstellungskraft damals überstiegen, mein rational geprägtes Gehirn herausgefordert, mich in einen Zustand katatonischer Ohnmacht versetzt. Wie ein Gipfelkreuz hatte die Spitze der Kapelle damals aus dem unbegreiflichen Chaos herausgeragt, wurde mein Ziel, mein sicherer Hafen, mein Rückzugsort.

Die gemeinsam durchstandene Ausnahmesituation hat uns zusammengeschweißt, für immer verbunden, nie werden wir diese ganz besondere Zeit vergessen.

Behutsam drücke ich die Türklinke herunter, betrete mit leisen Schritten das Kirchenschiff. Ich zünde eine Kerze an, denke an all die Menschen, denen die Flut ihre Existenz, ihr Leben genommen hat. Im Schein der flackernden Flamme lasse ich die vergangenen zwölf Monate Revue passieren:

Ein Jahr später ist nichts mehr, wie es war:
das Ahrtal, mein Leben und ganz besonders ich.

ITLING. EIMERKETTE. SOLIDAHRITÄT. ZUSAMMENHELD. AUF♡BAUER. ZINTLING. EIMERKE

ÄT. ZUSAMMENHELD. AUF♡BAUER. ZINTLING. EIMERKETTE. SOLIDAHRITÄT. ZUSAMMENH

DankbAHR.

- für meine Familie und meine Mitarbeiter, die mir den Rücken freigehalten haben und somit meinen Einsatz im Ahrtal erst ermöglicht haben
- für Wilhelm Hartmann, meinen besten Freund, ohne den ich nie im Ahrtal gelandet wäre
- für jeden einzelnen Helfer, jedes Mitglied einer Eimerkette, jeden Aufbauer, jeden Zusammenheld, der sich für die Menschen im Ahrtal eingesetzt hat
- für jeden, der an diesem Buch mitgearbeitet und dieses zeitgeschichtliche Dokument ermöglicht hat
- und für meine Autorin, die es geschafft hat, die Schubladen meines fest verschlossenen Seelenschrankes zu öffnen und Erinnerungen und Erlebnisse, die ich lange für weggepackt hielt, hervorzuholen und in Worte zu verwandeln